Dorit Perschmann

Hildegard Weiden

Leitplanken
Leitworte
Leitbilder

Patris Verlag

Bibliografische Information der Deutschen Bibliothek
Die Deutsche Bibliothek verzeichnet diese Publikation in der
Deutschen Nationalbibliografie; detaillierte bibliografische
Daten sind im Internet über http://dnb.ddb.de abrufbar.

Alle Rechte vorbehalten
ISBN 978-3-87620-432-1
© 2015 by Patris Verlag GmbH, Vallendar/Rhein
Umschlag: Joachim Clüsserath, Köln
Layout: Joachim Clüsserath, Köln
Druck: PBtisk s.r.o., Tschechische Republik

Inhalt

Vorwort	1
Behütet	2
Geführt	24
Bewegt	44
Aufbrechen	66
Anmerkungen	86
Bildnachweise	88

Vorwort

Im Alltäglichen den Glauben finden – Glauben alltäglich leben

In diesen beiden Blickrichtungen führen Texte und Bilder zu Überlegungen und Betrachtungen. So ergänzen jeweils zwei aufeinander folgende Themen einander: „Behütet" und „Geführt", „Bewegt" und „Aufbruch". Lesende sind eingeladen, die Zusammenstellungen nach und fort zu denken.

Bilder mit Beschreibungen und einer Einstimmung ins Thema des Kapitels bilden jeweils dessen erste Seiten. Nachfolgend schlüsseln eigene und fremde Texte das Thema auf. Dies erhebt keinen Anspruch auf Vollständigkeit. Vielmehr mögen dem Leser, der Leserin weitere Assoziationen kommen. Das ist gewollt.
Eingefügte Fotos möchten die Aktualität und Alltagstauglichkeit unterstützen und zu einer lebendigen Gesamtgestaltung beitragen.

Das Buch gibt Anregungen, im Alltag inne zu halten und aus der Besinnung Kraft zu schöpfen.

Köln im Dezember 2014

                                          Dorit Perschmann   Hildegard Weiden

Behütet

Behütet

Ein zärtliches, ein liebevolles, ein ganz behutsames Bild:

*Zwei große Hände, zwei winzig kleine Hände,
in der Mitte des Bildes der Kopf eines Neugeborenen,*

alles von hinten gesehen.

Der Betrachter steht der Szene gegenüber. Vielleicht muss er immer wieder hinschauen, gefangen von der Innigkeit, angerührt durch die wie selbstverständlich auch bei ihm sich einstellende Zärtlichkeit.

Neun Monate haben die Eltern darauf gewartet ihr Kind bei sich zu haben. Im Schoß der Mutter geborgen ist das Kind bis zur Geburt gewachsen. Neun Monate hat die Mutter es getragen. Sie hat sein Leben gespürt, wenn es sich in ihrem Bauch bewegt hat, es bewahrt in jeder Sekunde seines Lebens.

Nun hält der Vater es in seinen Händen. Sie sind geöffnet wie eine Schale. Darin hält er den kleinen Kopf wie einen Schatz. Ich sehe, wie er ihn gleichzeitig hütet, fast abschirmt. Nichts darf da jemals drankommen.
Sie packen nicht fest zu, die Hände. Sie nehmen nichts in Besitz. Sie schützen und bergen ein Geschenk.

Der kleine Kopf liegt gut darin.
„Das Kind fühlt sich wohl", so sagt man es, wenn ein Säugling die Ärmchen nach oben legt.

Ein wenig sehen die kleinen Arme auch aus wie Flügel. Die väterlichen Hände lassen Bewegungsfreiheit. Sie eröffnen einen dem Kind noch unbekannten Raum, das Leben. Das Kind wird sich ganz allmählich hineintasten.

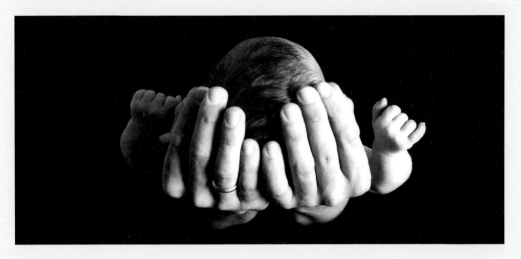

Ein Bild aus den ersten Lebenstagen:
Ein Kind ist ins Leben, zur Welt gekommen.

Für die Eltern ist es selbst eine kleine Welt. Sie wird ihr Leben verändern. Sie sind nicht mehr allein, ihr Kind ist nun sichtbar bei ihnen. Mit ihm hat ihre Liebe ein Gesicht bekommen.

Hütet euch davor, eines von diesen Kleinen zu verachten!
Denn ich sage euch:
Ihre Engel im Himmel
sehen stets
das Angesicht meines himmlischen Vaters.

Mt 18,10

Das Bild ist schwarz-weiß, eine Hälfte im Licht, die andere im Schatten. Das Händchen auf der helleren Seite ist leicht geöffnet, das andere ein kleines Fäustchen, eine unbewusste, ungewollte, spontane, lebendige Geste des Kindes.

„In hellen, frohen, guten Zeiten sind wir bei dir. Wenn du traurig bist, wenn du dich ängstigst, wollen wir für dich da sein", sagen die großen Hände.

„Mit euch bei mir will ich dem Leben trauen", antworten die kleinen Hände.

Jedes neugeborene Kind bringt die Botschaft,
dass Gott sein Vertrauen in den Menschen noch nicht verloren hat.

Tagore

Einstimmung

„Du bist ein ewiger Gedanke Gottes!"
So hat es der benediktinische Exerzitienmeister einer, heute müssten wir sagen „10. Klasse", als Motto über die Einkehrtage gestellt. Das war vor 45 Jahren und begleitet einige der Schülerinnen nach eigener Aussage seitdem auf ihrem Lebensweg.
Derselbe Gedanke findet sich in dem zeitgenössischen Gedicht von Jürgen Werth, das in diesem Kapitel zitiert ist.
Gewiss, 45 Jahre sind noch keine Ewigkeit. Die Tatsache aber, dass Menschen dieses Bewusstsein immer wieder trifft, dass sie es nicht für sich behalten, dass sie es als Botschaft weitersagen, dass sie ihre Erkenntnis, ihr *Bekenntnis* veröffentlichen, das schon ist Ausdruck seiner Wirkmächtigkeit.

Vieles steckt in diesem Bekenntnis:
> *Du und Gott, du bist nicht allein.*
> *Er weiß immer schon, immer noch, immer weiter um dich.*
> *Er will, dass du heute auf dieser Erde lebst,*
> *dass du sie als seine Schöpfung ansiehst, ehrfürchtig,*
> *dass du sie pfleglich behandelst, sie bewahrst für dich und Andere.*

Du darfst heute Menschen begegnen, denen du und die dir – ausgewählte Einzelne – zur Seite stehen,
> *damit ihr einander annehmt, ehrfürchtig,*
> *achtsam miteinander umgeht,*
> *einander bewahrt,*
> *für euch selbst,*
> *für Andere,*
> *für Gott.*

Du bist ihm ähnlich, jeder Andere auch. Zeig der Welt, den Menschen ein Gesicht, das sie daran erinnert.
Sei, wenn es sein muss, unbequem. Übernimm deinen Part in dieser Partitur, dem Auftrag Gottes an seine Schöpfung, in der er sich uns offenbart, auch in dir für Andere.

Dies ist keine Mahnschrift.
Dies ist die froh machende,
Gewissheit bringende,
Geborgenheit und Liebe verschwendende Botschaft,
dass Gott uns nicht im Stich lässt.

Gott ist in seiner Liebe verschwenderisch, weil sie im sich Verschenken nicht geringer, kleiner wird, sondern ihre Unerschöpflichkeit offenbart.
Deshalb bist du groß, auch, wenn du klein bist, dein Name nicht als gewichtig in der Leute Mund geführt wird.

Er weiß, wie schwer es ist, das zu leben. Darum lässt er dich ja nicht allein. Er kennt sich aus mit dem Menschsein, den Versuchungen, den Plagen, dem Leiden, dem Tod. Gott ist dein Schöpfer, dein Herr, dein Bruder. Weil er sich „klein" gemacht hat, „erniedrigt" sagen die Theologen, kannst du groß sein.

Und Gott sah alles an, was er gemacht hatte:
Es war sehr gut.

Gen 1, 31

Denn er befiehlt seinen Engeln,
dich zu behüten auf all deinen Wegen.
Sie tragen dich auf ihren Händen,
damit dein Fuß nicht an einen Stein stößt

Ps 91, 11-12

... du hast mein Inneres geschaffen,
mich gewoben im Schoß meiner Mutter

Ps 139, 13

Und er stellte ein Kind in ihre Mitte,
nahm es in seine Arme und sagte zu ihnen:
‚Wer ein solches Kind um meinetwillen aufnimmt,
der nimmt mich auf.'

Mk 9, 36-37

Wer das Reich Gottes nicht so annimmt wie ein Kind,
der wird nicht hineinkommen.

Mk 10, 15

Etwas Besonderes

*Wir sind weder Zufallsprodukte
noch Blindgänger.
Jeder ist ein Original,
keiner eine Kopie.
Mit jedem hat Gott Besonderes vor.*
          Franz Kamphaus

Gefühle

Es ist schön, mit Vater oder Mutter
– zu erzählen.
Es macht Spaß, mit Vater oder Mutter
– etwas zu entdecken.
Es tut gut, mit Vater oder Mutter
– zu schmusen.
Es geht mir gut, wenn Vater oder Mutter
– Zeit für mich haben.
Es hilft weiter, wenn Vater oder Mutter
– mich trösten.
Es macht mich stark und froh,
– dass Vater oder Mutter mich lieb haben.

Ein Kind ist kein Gefäß, das gefüllt,
sondern ein Feuer, das entzündet werden will.
François Rabelais

Glück

ist wie ein *Schmetterling*,
will man es einfangen,
 so entwischt es einem immer wieder.

Doch,
wenn du geduldig wartest,
lässt es sich
– vielleicht –
von selbst
auf deine Hand nieder.
                    Nathaniel Hawthorne

Von den Kindern

Eure Kinder sind nicht eure Kinder.
Sie sind die Söhne und Töchter der Sehnsucht des Lebens nach sich selber.
Sie kommen durch euch, aber nicht von euch,
Und obwohl sie mit euch sind, gehören sie euch doch nicht.
Ihr dürft ihnen eure Liebe geben, aber nicht eure Gedanken,
Denn sie haben ihre eigenen Gedanken.
Ihr dürft ihren Körpern ein Haus geben, aber nicht ihren Seelen,
Denn ihre Seelen wohnen im Haus von morgen, das ihr nicht besuchen könnt, nicht einmal in euren Träumen.
Ihr dürft euch bemühen, wie sie zu sein, aber versucht nicht, sie euch ähnlich zu machen.
Denn das Leben läuft nicht rückwärts, noch verweilt es im Gestern.
Ihr seid die Bogen, von denen eure Kinder als lebende Pfeile ausgeschickt werden.
Der Schütze sieht das Ziel auf dem Pfad der Unendlichkeit, und Er spannt euch mit Seiner Macht, damit seine Pfeile schnell und weit fliegen.
Lasst euren Bogen von der Hand des Schützen auf Freude gerichtet sein;
Denn so wie Er den Pfeil liebt, der fliegt, so liebt er auch den Bogen, der fest ist.

Khalil Gibran

*Ich verzichte
auf alle Weisheit, die nicht weinen,
auf alle Philosophie, die nicht lachen,
auf alle Größe, die sich nicht beugen kann
– im Angesicht von Kindern.*
Khalil Gibran

*Respektierst du ein Kind,
lernt es Respekt.
Behandelst du es mit Rücksicht,
lernt es Rücksicht.
Begegnest du ihm geduldig,
lernt es Geduld.
Schenkst du ihm Liebe,
lernt es lieben.*
nach Alice Miller

Ihr seid so zerbrechlich

Du bist so zart. Du bist empfindsam und verletzlich. Du hast noch eine ganz dünne Haut. Du bist noch nicht von einer harten Schale umgeben.
In mir erwacht ein Beschützerinstinkt. Warum?

Bin ich vielleicht insgeheim neidisch auf dich? Auf deine dünne Haut? Träume ich nicht oft selbst von deiner Sorglosigkeit? Möchte ich nicht auch so voller Vertrauen und so vorurteilsfrei sein?

Warum will ich dich beschützen und erziehen? Will ich dich auch so formen, wie ich geformt bin? Oder will ich dich davor bewahren, so zu werden wie ich?
Liegt das Geheimnis darin, dass du mir den Spiegel vorhältst? Erkenne ich in dir, dass ja auch ich zerbrechlich bin und eine empfindsame Seele besitze? Erkenne ich in dir, dass ich selbst Schutz brauche und mich nach dem sehne, der mir Schutz und Geborgenheit gibt? Erkenne ich in dir meine Sehnsucht nach dem, der meine harte Schale knacken kann?

Rainer Haak

(Zähmen), „das ist eine in Vergessenheit geratene Sache", sagt der Fuchs. „Es bedeutet, sich ‚vertraut machen'."

„Vertraut machen?"

„Gewiss", sagte der Fuchs. „Noch bist du für mich nichts als ein kleiner Junge, der hunderttausend kleinen Jungen völlig gleicht. Ich brauche dich nicht, und du brauchst mich eben so wenig. Ich bin für dich nur ein Fuchs, der hunderttausend Füchsen gleicht. Aber wenn Du mich zähmst, werden wir einander brauchen. Du wirst für mich einzig sein in der Welt. Ich werde für dich einzig sein in der Welt …"

… „Mein Leben ist eintönig, ich jage Hühner, die Menschen jagen mich. Alle Hühner gleichen einander, und alle Menschen gleichen einander. Ich langweile mich also ein wenig. Aber wenn Du mich zähmst, wird mein Leben voller Sonne sein. Ich werde den Klang deines Schrittes kennen, der sich von allen anderen unterscheidet. Die anderen Schritte jagen mich unter die Erde. Der deine wird mich wie Musik aus dem Bau locken. Und dann schau! Du siehst dort drüben die Weizenfelder? Ich esse kein Brot. Für mich ist der Weizen zwecklos. Die Weizenfelder erinnern mich an nichts. Und das ist traurig. Aber du hast weizenblondes Haar. Oh, es wird wunderbar sein, wenn du mich einmal gezähmt hast! Das Gold der Weizenfelder wird mich an dich erinnern. Und ich werde das Rauschen des Windes im Getreide lieb gewinnen."

Der Fuchs verstummte und schaute den kleinen Prinzen lange an.

„Bitte … zähme mich!" sagt er.

Antoine de Saint-Exupéry

Staunen können wie ein Kind,
wie die Berge, wie die Bäume,
wie die Tage und die Träume
voller Wunder sind.

Glauben können wie ein Kind,
dass in Farben und in Klängen,
dass in Worten und Gesängen
Spuren Gottes sind.

Fragen können wie ein Kind,
ob für Helfen und Verschenken,
ob für gutes Tun und Denken
irgend Grenzen sind.

Danken können wie ein Kind,
dass trotz Fehlern und Versagen
Gott an allen unseren Tagen
neu mit uns beginnt.

Raymund Weber

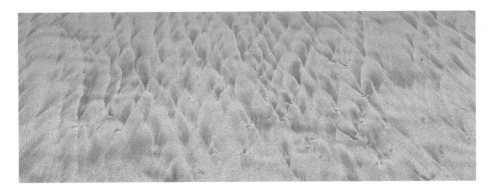

Spuren im Sand

Eines Nachts hatte ich einen Traum:
Ich ging am Meer entlang mit meinem Herrn.
Vor dem dunklen Nachthimmel erstrahlten,
Streiflichtern gleich, Bilder aus meinem Leben.
Und jedes Mal sah ich zwei Fußspuren im Sand,
meine eigene und die meines Herrn.

Als das letzte Bild an meinen Augen vorübergezogen war,
blickte ich zurück. Ich erschrak, als ich entdeckte,
dass an vielen Stellen meines Lebensweges
nur eine Spur zu sehen war.
Und das waren gerade die schwersten Zeiten meines Lebens.

Besorgt fragte ich den Herrn:
„Herr, als ich anfing, dir nachzufolgen, da hast du
mir versprochen, auf allen Wegen bei mir zu sein.
Aber jetzt entdecke ich, dass in den schwersten Zeiten
meines Lebens nur eine Spur im Sand zu sehen ist.
Warum hast du mich allein gelassen, als ich dich am
meisten brauchte?"

Da antwortete er:
„Mein liebes Kind, ich liebe dich
und werde dich nie allein lassen,
erst recht nicht in Nöten und Schwierigkeiten.
Dort, wo du nur eine Spur gesehen hast,
da habe ich dich getragen."

Margaret Fishback Powers

Du umschließt mich von allen Seiten
und legst deine Hand auf mich.

Zu wunderbar ist für mich dieses Wissen,
zu hoch, ich kann es nicht begreifen.

Wohin könnte ich fliehen vor deinem Geist,
wohin mich vor deinem Angesicht flüchten?

Steige ich hinauf in den Himmel, so bist du dort;
bette ich mich in der Unterwelt, bist du zugegen.

Nehme ich die Flügel des Morgenrots
und lasse mich nieder am äußersten Meer,

auch dort wird deine Hand mich ergreifen
und deine Rechte mich fassen.

Würde ich sagen: „Finsternis soll mich bedecken,
statt Licht soll Nacht mich umgeben",

auch die Finsternis wäre für dich nicht finster,
die Nacht würde leuchten wie der Tag,

die Finsternis wäre wie Licht.

Psalm 139, 5-12

Vergiss es nie

Vergiss es nie: dass du lebst, war keine eigene Idee,
und dass du atmest, kein Entschluss von dir,
Vergiss es nie: dass du lebst, war eines Anderen Idee,
und dass du atmest, sein Geschenk an dich.
Vergiss es nie: Niemand denkt und fühlt und handelt so wie du,
und niemand lächelt so, wie du's grad tust.
Vergiss es nie: Niemand sieht den Himmel ganz genau wie du,
und niemand hat je, was du weißt, gewusst.
Vergiss es nie: Dein Gesicht hat niemand sonst auf dieser Welt,
und solche Augen hast alleine du.
Vergiss es nie: Du bist reich, egal ob mit, ob ohne Geld,
denn du kannst leben!

Niemand lebt wie du.
Du bist gewollt,
kein Kind des Zufalls, keine Laune der Natur,
ganz egal, ob du dein Lebenslied in Moll singst oder Dur.

Du bist ein Gedanke Gottes —
ein genialer noch dazu:

DU BIST DU.

Jürgen Werth

*Kinder erleben nichts so scharf und bitter
wie die Ungerechtigkeit.*
Charles Dickens

*Wer einem Kind was verspricht,
sei es ein Spiel, ein Geschenk oder sei es die Rute,
der halte es wie einen Eid.*
Peter Rosegger

*Was eine Kinderseele aus jedem Blick verspricht!
So reich ist doch an Hoffnung ein ganzer Frühling nicht.*
Hoffmann von Fallersleben

Mit Kindern zusammen zu sein ist Balsam für die Seele.
Fjodor Michailowitsch Dostojewskij

*Wenn die Weisen am Ende ihrer Weisheit angelangt sind,
muss man die Kinder hören.*
Johann Heinrich Pestalozzi

Kinder sind eine Brücke zum Himmel.
aus Persien

Das Kind ist eine sichtbar gewordene Liebe.
Novalis

*Kein Mensch soll sich einem Kinde mit einem
anderen als freundlichem Angesichte nähern,
denn das Kind versteht die Natursprache,
ehe es die Muttersprache versteht.*
Johann Michael Sailer

Das Kagami

Es ist schon sehr, sehr lange her, da lebte in einem stillen kleinen Ort ein junger Mann mit seiner schönen braven Frau und einem einzigen Töchterchen, das sie sehr lieb hatten. Nun musste einmal der Mann für mehrere Monate verreisen, nach der Hauptstadt, und das war sehr weit, da konnte er die Frau und das Mädchen nicht mitnehmen. Beim Abschied versprach er, etwas recht Schönes von der Reise mitzubringen. Die junge Frau war von ihrem Heimatorte niemals weiter fortgekommen als bis zum nächsten Dorf. So war sie ängstlich in dem Gedanken, dass ihr Mann auf einer so großen Reise war, zugleich aber auch ein bisschen stolz. Denn so weit, bis zu der großen Stadt, wo der Tenno Hof hielt, war bisher noch keiner aus ihrer Gegend gekommen.

Als nun die Zeit um war, die er für seine Reise angegeben hatte, da legte sie für das Kind und für sich zum Empfang des Gatten die allerbesten Kleider zurecht, sie selber zog das schöne blaue Gewand an, das er so gern an ihr sah. Groß war die Freude, als er nun froh und gesund heimkehrte, als er anfing zu erzählen und dabei die schönen Sachen auspackte, die er mitgebracht hatte.

„Etwas ganz Wunderbares habe ich hier für dich", sagte er zu seiner Frau. „Es heißt Kagami. Schau einmal hinein und sage mir, was du darin erblickst." Ein Kagami hatten sie in dem kleinen Nest, diesem Erdenwinkel so ganz abseits der großen Welt, noch nie zu sehen bekommen, die junge Frau hatte überhaupt keine Ahnung davon, was das war. Sie machte den weißen Holzkasten auf, den er ihr lächelnd hinhielt; es war eine runde Metallplatte darin, auf der Oberseite aus zisiliertem Silber sah sie allerlei Figuren, Vögel und Blumen; aber als sie die Platte nun umdrehte, da war die andere Seite ganz klar, blank und glatt und zeigte ihr eine wunderhübsche junge Frau mit rosigen Lippen und strahlenden Augen, die ihr lächelnd zunickte, die Lippen bewegte, als ob sie zu ihr spräche und merkwürdigerweise dasselbe, genau dasselbe blaue Gewand anhatte wie sie selber, die Besitzerin des Spiegels. Dem jungen Manne war das ein unbezahlbares Vergnügen, wie sie so überrascht und erstaunt in das Kagami hinein sah; gerade so war es ihm ja auch gegangen. Und er belehrte sie nun darüber, dass es das eigene Ebenbild sei, was man in dem Spiegel sehe; in der Stadt habe jeder so ein Ding, nur in solche weltfernen Nester wie das ihre sei es zuvor nicht gekommen.

Die junge Frau war überglücklich über das Geschenk, und man kann es nicht zählen, wie oft sie in den nächsten Tagen in das Kagami hineinschaute. Aber bald hatte sie das Gefühl, so etwas sei zu schade für den täglichen Gebrauch, und es sei nicht gut viel hineinzusehen. Sie schloss es wieder in den weißen Kasten und verwahrte den sorgsam bei ihren anderen Kostbarkeiten.

Die Jahre vergingen, das Töchterchen wuchs heran, es wurde mehr und mehr das rechte Ebenbild seiner Mutter, die Eltern hatten große Freude an ihm. Wenn die Mutter jetzt an das Kagami dachte, dann zugleich mit dem Wunsch, dass in ihrem Kind niemals Eitelkeit erwache, wenn es etwa in dem Spiegel gewahr werde, wie schön es sei. So verschloss sie ihn von nun an noch sicherer und sprach niemals von ihm, ebenso wie er dem Vater ganz aus dem Sinn kam. Die Tochter wuchs in derselben Herzenseinfalt auf wie einst die Mutter und wusste nicht, wie sie aussah.

Nun aber geschah es, dass die Mutter schwer krank wurde; die Tochter pflegte sie mit der größten Liebe und Sorgfalt, aber es wurde nicht besser. Die Krankheit verschlimmerte sich zusehends. Als nun die Frau ihr Ende nahe sah, holte sie mit viel Mühe das Kagami aus seinem Versteck, rief ihre Tochter zu sich und sagte: „Liebes Kind, du weißt ja, ich werde bald sterben, ich werde dann von diesen Leiden, die mich jetzt quälen, erlöst sein. Wenn das geschehen ist, so sollst du jeden Morgen und jeden Abend in dieses Glas hineinschauen, das musst du mir versprechen. Du wirst mich darin sehen, und du wirst dann wissen, dass ich immer in eurer Nähe bin und immer über dich wache."

Das Kind gab der Mutter unter Tränen das Versprechen, und die Frau, über das Schicksal der Ihren nun ein wenig beruhigt, starb kurze Zeit darauf.

Das junge Mädchen hielt die Worte seiner Mutter heilig, und jeden Morgen und jeden Abend nahm sie den Spiegel von seinem verborgenen Platze hervor und schaute lange hinein. Da sah sie das lächelnde Gesicht ihrer Mutter – nicht so blass und abgezehrt wie in der letzten Zeit, da sie krank war, sondern wieder die schöne, heitere, blühende junge Mutter vergangener glücklicher Tage! Und alle Abend erzählte die Tochter dem Bilde im Kagami, was sie am Tage getan und erlebt hatte, alle ihre kleinen Sorgen und Kümmernisse, und alle Morgen bat sie um den Segen und Beistand der Mutter, dass ihr Tagwerk gelingen möge.

So artete sie täglich in all ihrem Tun immer mehr nach der Mutter, indem sie bei allem, was sie tat, daran dachte, wie es ihr gefallen und ob sie sich darüber freuen würde. Und wenn sie einmal abends dem Spiegelbild sagen konnte: „Heute war ich gerade so wie du mich hast haben wollen", dann lächelte das Spiegelbild glücklich.

Der Vater nahm mit Erstaunen wahr, wie seine Tochter morgens und abends mit so merkwürdigem Gebaren in den Spiegel sah, und befragte sie eines Tages darum. Da sagte ihm die Tochter, dass sie jeden Tag in diesem Glas die verstorbene Mutter sehe und ihr alles sage, was sie auf dem Herzen habe. Und sie erzählte ihm, was sich die Mutter von ihr auf dem Totenbette habe versprechen lassen und fügte hinzu, dass sie dieses Versprechen niemals vergessen habe. Da scheute sich der Vater, im Gedanken an seine liebe Frau und im innersten Herzen bewegt von der Unschuld und Herzensreinheit des Kindes, ihm zu sagen, dass es nicht das Antlitz der Mutter sei, das ihm aus dem Spiegel entgegenblickte, sondern das Abbild des eigenen lieben Gesichtes. Er verschwieg, was er von der Eigenschaft des Kagami wusste.

Japanisches Märchen

Kurzformeln der Rechte aller Kinder in der Welt, festgehalten in der Genfer Erklärung der Rechte des Kindes von 1924. 1959 wurde die Erklärung durch die Generalversammlung der Vereinten Nationen angenommen.

Kinder haben Rechte

Jedes Kind hat das Recht auf Gleichheit, unabhängig von Rasse, Religion, Herkommen und Geschlecht.

Jedes Kind hat das Recht auf eine gesunde geistige und körperliche Entwicklung.

Jedes Kind hat das Recht auf einen Namen und eine Staatsangehörigkeit.

Jedes Kind hat das Recht auf genügende Ernährung, Wohnung und ärztliche und medizinische Betreuung.

Jedes Kind hat das Recht auf besondere Vorsorge, wenn es geistig und körperlich behindert ist.

Jedes Kind hat das Recht auf Liebe, Verständnis und Fürsorge.

Jedes Kind hat das Recht auf Unterricht, auf Spiel und Erholung.

Jedes Kind hat das Recht auf sofortige Hilfe bei Katastrophen und Notlagen.

Jedes Kind hat das Recht auf Schutz vor Grausamkeit, Vernachlässigung und Ausnutzung.

Jedes Kind hat das Recht auf Schutz vor Verfolgung und eine Erziehung im Geiste weltumspannender Brüderlichkeit und des Friedens und der Toleranz.

Die jungen Paare

Die jungen Paare können sich heute vieles leisten:

modische Kleidung
schöne Behausung
vorzügliche Ernährung

weite Reisen
Zweitwagen
Sport und Hobby.

Warum sagen so viele:

Ein Kind können wir uns nicht leisten.
Anna Six

*Mehr als Geld brauchst du Liebe,
sie ist die Kaufkraft des Glücks.
Phil Bosmans*

Geführt

Drei Figuren

Drei Gestalten bilden zusammen ein stabiles Standbild. Es ist aus einem Holzstück geschnitzt.

Die Figuren sind in ihrer Ausformung bis auf die Haare und die Narben im Gesicht identisch. Das ist Ausdruck für die bewahrte Individualität, Ergebnis eben individueller Erfahrungen und Prägungen.
Kopf und Hals sind naturgemäß gestaltet. Vom Hals gehen jeweils zwei Linien aus. Sie bilden eine Form, die eine leicht gerundete Raute entstehen lässt. Als Arme wirken sie – ohne geformte Hände. Wo diese sich verschränkend begegnen müssten, münden die „Arme" in ein „Bein".
Keine solche Figur kann alleine stehen.

Die Beschreibung einer einzelnen Gestalt vermittelt einen unvollkommenen Eindruck, fast ergibt sich daraus eine Missgestalt. Es sind aber derer drei. Sie sind so ineinander verschränkt, dass sie in dem Punkt, wo sie aufeinander stoßen, eine Mitte finden, die die drei Einbeinigen hält.
Die durch die Verschränkung gewonnene Stabilität ist stärker als der Halt dreier Einzelner. Drei „Beine" schließen das Standbild nach unten ab. Zwischen ihnen entsteht, wenn das Gesamtgebilde die benötigte Neigung bekommt, ein gleichschenkliges Dreieck.
Das ist eine perfekte geometrische Form.

Die drei Einzelelemente, als solche auf Stütze von außen angewiesen, werden in der Wirkung ihrer Gemeinsamkeit fast so perfekt wie drei „ganze", „heile" Menschen.

Nicht nur Beine tragen eine menschliche Gestalt. Die Stütze durch das Rückgrat hält sie aufrecht. In der Dreierfigur ist jeweils ein „Arm" die Stütze einer anderen Figur.

Die Augen der Figuren sind geschlossen, nach innen gerichtet. Würden sie geöffnet, sähen sie ihr eigenes Spiegelbild, sie sind ja identisch geformt. Sie sähen mehr als ein Mensch von sich selbst gleichzeitig je in einem Spiegel sehen könnte: sie sähen sich gleichzeitig von beiden Seiten im Profil.

Was denn nun? Drei oder Einer? Einer in Dreien? Drei in Einem?

Wie eine Mutter ihren Sohn tröstet,
so tröste ich euch ...

Jes 66,13 a

... und wir haben seine Herrlichkeit gesehen,
die Herrlichkeit des einzigen Sohnes vom Vater ...

Joh 1,13

Ich und der Vater sind eins.

Joh 10,30

... niemand kommt zum Vater außer durch mich.

Joh 14,6

Keiner, der aus dem Geist Gottes redet, sagt: Jesus sei verflucht!
Und keiner kann sagen: Jesus ist der Herr!,
wenn er nicht aus dem Heiligen Geist redet.

1 Kor 12,3

Unverkennbar seid ihr ein Brief Christi, ...
Geschrieben nicht mit Tinte, sondern mit dem Geist des lebendigen
Gottes.

2 Kor 3,3

Der Herr aber ist Geist,
und wo der Geist des Herrn wirkt, da ist Freiheit.

2 Kor 3,17

Gnade wird mit uns sein,
Erbarmen und Friede von Gott, dem Vater,
und von Jesus Christus, dem Sohn des Vaters, ...

2 Joh 1,3

Einstimmung

Christen bekennen den dreifaltigen Gott.
Menschen in anderen Religionen meinen deshalb oft,
dass die Christen an mehrere Götter,
womöglich mit dem Zugeständnis der Gleichzeitigkeit, glauben.
Neuerdings hat sich die Rede von der „Dreieinigkeit" theologisch wieder durchgesetzt.
Das betont die Einheit, hilft aber für das eigene VerstehenWollen nicht wirklich weiter
und für das Gespräch mit Andersgläubigen eben so wenig.

Es kommen vielfältige Gottesbilder auf: viel-fältig irritiert uns weniger als drei-fältig.
Über einhundertfünfzig verschiedene Gottesbilder kennt die Bibel:
Schöpfer, Vater und Mutter, Hirte, Lehrer, Rächer, Adler, Licht, Sonne, Himmel …
In der jesuanischen Gottesrede setzt sich in besonderer Weise die Rede vom „Vater"
durch.

Es gibt gute, erfreuliche Erfahrungen.
Es gibt schmerzliche, traurige Lebensereignisse.
Menschliche Bekenntnisse zu Gott als dem Begleiter durch das Leben
kennen wir aus den Psalmen im Alten Testament.
Sie durchziehen weiterhin die biblischen Geschichtsbücher:

> *Gott wird als der erkannt, der die Geschicke seines Volkes lenkt und wendet.*
> *Propheten mahnen, diesem Bekenntnis treu zu bleiben.*

Alles Gesagte lässt sich in der einen Grunderkenntnis zusammenfassen:

> **Gott ist nicht zu fassen,**
> **nicht mit e i n e m Namen zu nennen.**

Jedes einzelne Bekenntnis nimmt eine Gotteserfahrung in den Blick und „vernachlässigt" gleichzeitig alle anderen.
> *Gott ist unerschöpflich.*
> *Gott bleibt immer derselbe*
> *und wird für uns immer wieder neu* (erfahrbar).

Die lange Erörterung will fragen:
Ist nicht die Rede vom **dreifaltigen, dreieinigen Gott** besonderer Ausdruck der Unfassbarkeit Gottes inmitten seiner vielen anderen „Namen"? Sie will uns helfen: Wir dürfen uns Gott in der Person zuwenden, die uns in unserem konkreten Lebensbezug die je nächste ist:
> **Der Sohn, der uns Bruder ist.**
> **Der Vater, der uns geschaffen hat.**
> **Der Geist, der verbindet.**
> **Gott ist es, der uns führt.**

Den „Sohn" sprechen wir übrigens nur selten so an. Wir haben ihm längst andere „Titel" im wahrsten Sinne selbstverständlich beigegeben:
Jesus Christus, Herr, Messias und viele andere so genannte „Hoheitstitel".

So erkennen wir, dass ein Dogma
– und ein solches ist ja die Rede vom dreifaltigen, dreieinigen Gott –
Glaubensaussagen zu einem konkreten geschichtlichen Zeitpunkt sammelt und neue Perspektiven öffnet.

> **Gott bleibt unfassbar.**

Drei Hasen

Der Hasen und der Löffel drei,
und doch hat jeder Hase zwei.
Reim aus Paderborn

Ein gleichschenkliges Dreieck bildet den Grund dieser Skulptur. Um den Mittelpunkt ist noch einmal ein kleineres, stilisiertes Dreieck gebildet. Die „Seiten" dieses kleinen Dreiecks haben die Form von Hasenlöffeln, Hasenohren.

Von ihnen gehen zentrifugal drei Hasenkörper aus. Mit ihren Hinterläufen stoßen sie an einen Kreis. Dieser hält sie außen, das Dreieck innen.

Drei Ohren für drei Hasen – und keinem fehlt eines, jeder hat zwei. Sie sind verschieden ausgerichtet. Weil sie verbunden sind, ist die Wahrnehmung größer als die Summe des je Gehörten.
Würden die drei Tiere getrennt, eine zweiohrige Figur herausgelöst, bliebe für die zwei verbleibenden nur ein gemeinsames Ohr. Der Dritte wendet die Not.

Der Kuss

Klimts „Kuss" ist ein mehrfach dreigeteiltes Bild. Himmel (dafür steht seit der mittelalterlichen Ikonographie der goldene Hintergrund) und Erde (blühend, unbeschreiblich in ihren Formen und Farben), zwischen beiden ein Liebespaar, auch dieses dreigeteilt. Drei Muster bilden zusammen ein Gewand, das die Beiden bedeckt und vor neugierigen Blicken schützt.
Sie sind von der Bildaufteilung her mehr im Himmel als auf der Erde. Die Füße der Frau halten sich soeben noch an ihr fest. Mag diese Haltung für die reale Erlebbarkeit stehen: geerdet eben! Die Frau kniet nicht vor dem stehenden Mann, sie versenkt sich. Mit dem rechten Arm holt sie seine Zu-Neigung ein, ihre linke Hand liegt auf seiner rechten. Er hält ihren Kopf zärtlich in beiden Händen, als wolle er ihre Zuwendung festhalten. Von seinen Händen scheint bei aller Zärtlichkeit auch Kraft auszugehen.
Den Gesamteindruck verlassend und genauer hinsehend, sind in den Formen des weiblichen, eher zarten Gewandteils die Umrisse ihres Körpers durchscheinend zu ahnen. Auch seiner ist zu erkennen, nicht so deutlich, innerhalb der Formen des klareren Musters auf der linken Seite. Er steht vor ihr, sein Körper ist bei ihr.
Vielleicht ist die Frau deutlicher auszumachen, weil dem Künstler der weibliche Körper reizvoller erscheint, er ist schließlich ein Mann. (Nebenbei gesagt, er hat viele Frauenbilder, auch Akte gemalt.) Seine Faszination ist auch hier zu spüren.

Das dritte Muster rechts mag die Liebe symbolisieren. Es umschließt die Gesamtgestaltung, führt sich über den Köpfen weiter und will in der ergänzenden Vorstellungskraft des Auges hinter dem Gewand des Mannes weiter geführt werden.

Die Frau, der Mann, die Liebe, alle sind ineinander verwoben, nicht wirklich trennscharf. Mehr Drei- als Zweisamkeit, weil zwei, die sich lieben, über sich hinaussehen. Auch deswegen wünschen sich eine liebende junge Frau und ein liebender junger Mann miteinander ein Kind als Person werdende Liebe. Es hat etwas von Beiden und wird doch ein ganz Eigenes, Großes sein, weil die Liebe größer ist als die Summe zweier Liebender.

In der Liebe, so scheint es, sind immer mindestens drei Größen beteiligt und anwesend: zwei liebende Personen und die Liebe als verbindendes Element.
Das gilt auch für die Eigenliebe, weil ein sich selbst annehmender, liebender Mensch Augen, Ohren, Herz und Hände öffnet, um die Liebe zu mehren.
Nach innen sich sammeln und nach außen sich austeilen sind somit zwei einander lebensnotwendig bedingende Wesensmerkmale der Liebe.

Es gibt keine abstrakte Liebe. Liebe tauscht aus und kehrt zu sich selbst zurück, teilt und verbindet, Liebe eint ...

Zusammenschau

drei „Personen"   eines Sinnes   eines Wesens

Das Thema legt nahe, die drei initiierenden Bilder zu einer Zusammenschau zu führen. Das von den Künstlern gewählte und gestaltete Material ist ebenso unterschiedlich wie das jeweils daraus entstandene Bild. Darum geht es hier nicht. Wir haben diese Auswahl als mögliche Zugänge zum Thema „Trinität – Dreieinigkeit" getroffen.

Dabei soll bewusst offen bleiben, ob sich der Betrachter, da ihm das zugedachte Thema ja bekannt ist, an einer der drei Abbildungen festmacht und sie zu seinem Ausgangspunkt für weitere Annäherungen wählt.
Und dennoch kann auch die Zusammenschau Wesentliches aufscheinen lassen.
Wie die Bildunterschriften nahe legen, ist der einende Aspekt bei jedem Bild ein anderer: **drei „Personen" – eines Sinnes – eines Wesens.**
So differenziert sich der Blick auf den dreieinigen Gott der Christen.
Alles gleichzeitig zusammen sehen, denken und fühlen zu wollen, stellt sich als Überforderung dar. Aber nur so könnte die menschliche Denkfähigkeit, immer noch vage, aber doch vorstellbarer, dem Geheimnis einen kleinen Schritt näher kommen.

Und doch wird das, ehrlich betrachtet, nicht gelingen.

Es ist nicht die Aufgabe des Glaubens, radikal zu entmythologisieren.
Wenn der Glaube sein Geheimnis verliert, gibt er sein Wesensmerkmal auf, verzichtet er auf das Staunen und die Ehrfurcht vor dem überwältigend großen Gott. Menschen leben in räumlichen, zeitlichen und deshalb eben auch in gedanklichen Abfolgen. Darum löst die angebotene Zusammenschau das Geheimnis letztlich nicht auf.

Anselm von Canterbury sagt, es könne nichts Größeres gedacht werden als Gott …
Gott aber in analytischer Vorgehensweise denken zu wollen, widerspricht seinem geglaubten Wesen.

Begnügen wir uns also!

Die durch die Verschränkung gewonnene Stabilität der „drei Personen" ist stärker
       als der Halt dreier Einzelner.
Die sinnliche Wahrnehmung des Hörens ist größer
       als die Summe des je Gehörten.
Die Liebe ist größer
       als die Summe zweier Liebender.
Versuchen wir diese drei Einzelaussagen zu summieren, kommen wir zu dem Bekenntnis:
       Gott ist größer als die Summe aller Glaubensaussagen.

Liegt hier das Geheimnis der Trinität?

Dreifaltigkeit

In St. Jakob in Urschalling bei Prien am Chiemsee befinden sich Fresken aus dem 12. Jahrhundert, unter ihnen dieser Bildausschnitt.

Zweifellos handelt es sich um eine ebenso ungewöhnliche wie gewöhnungsbedürftige Darstellung der Dreifaltigkeit. Ich komme zu dieser Bezeichnung zurück, weil ein gemeinsames Gewand gleichsam dreifach aufgefaltet scheint. Die Heiligenscheine um die Köpfe der drei Figuren sind nicht mit klaren Konturen gegeneinander abgegrenzt. Sie umschreiben dieselbe Heiligkeit. Darin zeigen sie drei Aspekte auf: Sohn, Geist, Vater, von links nach rechts gesehen.

Nähern wir uns von der Mitte her: eine eindeutig weibliche Gestalt, aus der die beiden anderen hervorgehen. Wohl wissend, dass Gott ungeschlechtlich ist, warum also nicht männliche *und* weibliche Anteile haben sollte, reagiert das Auge mit Befremden. Es ist die Frau, die Leben empfängt, birgt, schenkt, veräußert. Die rotbraune Farbgebung als Grundton des Bildes und in den Gewändern „erdet". Gott ist nicht abgerückt, unerreichbar. Alles, was auf der Erde lebt, zentriert sich in ihm. Unsere ganze menschliche Vorstellungskraft darf versuchen, sich ihm zu nähern.

Längst haben Sie die mittlere Figur als „Geist" adaptiert. Dieser weht beständig, er erhält und erneuert. Er erhellt uns Gott. Er verändert ihn nicht. Das hebräische Wort für Geist hat ein weibliches Genus: ruach. In biblischen Aussagen wirkt Gott in männlicher und weiblicher Weise. Gott ist dennoch nicht Mann, nicht Frau, nicht teilbar. Gott ist Gott, ist alles in allem, nichts ist ohne ihn.

In der älteren der beiden männlich erscheinenden Gestalten nähern wir uns der Person des Vaters, „aus dem" – nach dem Glaubensbekenntnis – „alles hervorgeht", immer wieder neu und Er doch immer derselbe bleibend.
Schauen wir aber auch von den Seiten her auf das Bild: Die beiden männlich gestalteten Figuren erheben den Geist mit ihren Händen. Sie lassen ihn, „der aus dem Vater und dem Sohn hervorgeht", hier im Bild aus ihrer Mitte „erstehen". Er ist Verbindung, Einigung, Liebe.

Gott bleibt unfassbar. Das Bild zeigt dennoch, was kaum darstellbar ist:
Wir sehen Gott mit menschlichem Blick immer in einzelnen Facetten, in Fragmenten und gleichzeitig viele andere nicht. Diese Darstellung zeigt, was wir gleichzeitig weder sehen noch denken und schon gar nicht begreifen können.

Die Familie

Die Holzfigur von Edith Peres-Letmathe stellt die Dreieinigkeit Gottes in einer ungewöhnlichen Annäherung dar. Der aufgerichtete „Sohn" birgt sich unter einen Flügel der Taube, des „Geistes", und auf der anderen Seite in die Kraft des „Vaters", symbolisiert durch einen Bart. „Geist" und „Vater" greifen durch Flügel und Arm ineinander. Ein stilisierter Kreis steht für Vollkommenheit und Heiligkeit wie eine Gloriole. Diese „Einheit" lässt an Familie denken.

Die aus einem Speckstein heraus gearbeiteten zwei Figuren stammen aus Afrika. Die beiden Personen lassen unterschiedliche Deutungen zu. Auch die Szene ist für verschiedene Deutungen offen – von Hilfe bis Hingabe. Sicher sind die Gestalten einander zugewandt.

Eine Familie besteht idealer Weise aus mindestens drei Personen.

Wir haben diese Bilder zusammengestellt, weil vielfältige Familienkonstellationen heute Realität sind. Für alle denkbaren Formen sollten unsere Überlegungen Gültigkeit haben können. Von einer weiteren Dreiergruppe haben wir abgesehen. Im Zusammenhang mit „Trinität" möchten wir jedmögliche Analogie vermeiden.

„Die Familie" ist ein singularischer Begriff, der immer einen Plural bezeichnet. Übrigens stimmt das auch bei Familien mit nur einem Elternteil. Es gibt (oder gab) den (die) Dritte(n), ohne ihn (oder sie) wären die beiden Anderen nicht Familie.
„Familie sein" ist eine Wesensbestimmung.
Dies stimmt auch dann noch, wenn die Familie durch Adoption geworden ist. Immer sind im Ursprung und bleiben in der Existenz des Kindes die Eltern gegenwärtig und wirksam. Die neu entstehende „Wahl"-Familie erfüllt auf andere Weise die Voraussetzungen.
„Familie sein wollen" ist eine Entscheidung, derer es übrigens auch in der natürlichen Familie immer wieder neu bedarf.

Die korrelierende Aussage zum Ursprungsthema des Kapitels ist: Beziehung.

Gleichwohl dürfen Unterscheidungen zur „Dreieinigkeit" nicht übersehen werden. Gott ist keine Familie in einer Person. Gott ist Einer in drei Personen. Da gibt es keine Analogien, nur Annäherungen, da ist nichts wie irgendetwas Anderes.
Da stehen wir vor dem Geheimnis Gottes und die einzig angemessene Haltung ist Anbetung.

> ... Die Familie kann durch Nöte tragen. Sie beruht ja nicht nur auf Sympathie und gemeinsamen Interessen, sie ist eine Lebensgemeinschaft. Auch dann, wenn einer in der Familie durchdreht, auf die Nerven geht oder sonst wie anstrengend und lästig wird. Eine Familie kann dann sehr gefordert und manchmal auch überfordert sein – aber sie läuft nicht so schnell davon. Sie kann sein wie ein Netz, wenn es darauf ankommt. Das alles ist gewiss nicht selbstverständlich, es gibt auch andere Beispiele, die in der Krise nicht halten, was sie versprochen haben. Es gibt auch Netze, die reißen. ... Familie muss nicht harmonisch und perfekt ablaufen wie eine gut geölte Maschine.
>
> *nach Johannes Broxtermann*

Die Natur hat Vollkommenheiten, um zu zeigen, dass sie das Abbild Gottes ist, und Mängel, um zu zeigen, dass sie nur das Abbild ist.

Blaise Pascal

*Sonnen der Ewigkeit sind alle Kinder dieser Welt.
Da Gott in seinem Wesen Gemeinschaft ist,
lebt in ihm die Kraft der Sympathie,
atmet in ihm das Spiel des Zueinanders,
haben Hoffnung und Zuversicht bei ihm ihr Zuhause,
wohnen Wohlwollen und Gutsein bei ihm,
strömen Milde und Güte und überraschen
mit den Wundern der Zuneigung.
Da Gott in Gemeinschaft lebt, ist er Vater
und Mutter und Kind zugleich.
Hingabe und Fürsorge und Liebe sind sein Wesen.
Er ist das Geheimnis des ewigen Zusammenspiels
in der dreifach gesteigerten und erfüllten Liebe,
die alle seine Geschöpfe an dieser Kraft
göttlichen Zusammenspiels teilhaben lässt.
...*

Hans Wallhof

Präfation vom Dreifaltigkeitssonntag

In Wahrheit ist es würdig und recht,
dir, Herr, heiliger Vater, allmächtiger, ewiger Gott,
immer und überall zu danken.
Mit deinem eingeborenen Sohn und dem Heiligen Geist
bist du der eine Gott und der eine Herr,
nicht in der Einzigkeit einer Person,
sondern in den drei Personen
des einen göttlichen Wesens.
Was wir auf deine Offenbarung hin
von deiner Herrlichkeit glauben,
das bekennen wir ohne Unterschied von deinem Sohn,
das bekennen wir vom Heiligen Geiste.
So beten wir an
im Lobpreis des wahren und ewigen Gottes
die Sonderheit in den Personen,
die Einheit im Wesen und
die gleiche Fülle in der Herrlichkeit.
Dich loben die Engel und Erzengel,
die Cherubim und Serafim.
Wie aus einem Mund preisen sie dich
Tag um Tag und singen auf ewig
das Lob deiner Herrlichkeit.

Wie sieht Mister Gott aus?

Das am meisten gebrauchte Wort in den Gesprächen zwischen Anna und mir war zweifellos „Mister Gott". Hätte sie nicht andauernd neue Einfälle gehabt, wäre wohl die ganze Rederei über ihn allmählich doch langweilig geworden. Aber Mister Gott war für sie jeden Tag neu und jeden Tag von einer anderen Seite zu sehen.

...

Überhaupt beschloss Anna, die gesamte Sprache aufzuteilen in eine Fragehälfte und eine Antworthälfte.

...

Das aber war das Problem, wenn es etwa um Schule und Kirche ging.

...

Schon die Art, wie Miss Haynes und Pfarrer Castle die Worte „sehen" und „wissen" gebrauchten, war irritierend. Castle schwatzte dauernd davon, dass wir Gott, den Herrn, von Angesicht zu Angesicht sehen.

...

„Und was macht er, wenn sich rausstellt, Mister Gott hat überhaupt kein Gesicht? Nicht mal Augen? Dann sieht der da ihn überhaupt nicht, von Angesicht zu Angesicht'! ... Ihre Lippen krabbelten an meinem Ohr herum, und sie zischte mir zu: „Mister Gott hat kein Gesicht." ...

„Erklär mal."
Sie flüsterte: „Er sieht uns alle auf der Erde, jeden einzelnen, und er muss sich dafür nicht einmal rumdrehen oder schielen oder so was. So ist das." Sie legte ihre Arme über der Brust zusammen, nickte befriedigt und schaute angriffslustig zur Kanzel.
Auf dem Heimweg erklärte sie: „Sieh mal Fynn, das ist doch ganz einfach. Ich hab ein ‚vorne' und ein ‚hinten'. Und wenn ich hinten was sehen will, muss ich mich umdrehen, weil ich hinten keine Augen hab. Aber Mister Gott hat nur ein ‚vorn' und kein ‚hinten'. Er schaut überall hin, gleichzeitig."
„Oh", sagte ich, „völlig klar."

...

Anna hüpfte weiter und lachte zusammen mit Mister Gott, der ihr Freund war.

Fynn

Aus einer Predigt

„Du musst aber ganz schön einsam sein", schreibt eine Achtjährige in den „Kinderbriefen an den lieben Gott". Sie hat da so ihre Vorstellungen. Doch Gott ist nicht einsam. Die Christen sprechen vom „dreifaltigen Gott" und verkünden nicht die einsame, sondern die „gesellige Gottheit".

Die anderen Religionen machen da nicht mit. Sie sind mono- oder polytheistisch, glauben an einen Gott oder an viele Götter. Entweder – oder! Der Monotheismus wird heute in politischen und kulturellen Debatten gescholten; die Kritiker wittern Intoleranz, Rechthaberei und die Lust auf Kreuzzüge. Der radikale Islamismus zum Beispiel sei nur konsequentes Ausleben der Schwächen und Gefährdungen, die der Monotheismus in sich trage; er sei monoton und überholt wie die Monarchie und der Monolog in demokratischen, dialogischen Zeiten.

Christen haben keinen Grund, den Glauben an den dreifaltigen oder dreieinigen Gott zu verstecken. Im Gegenteil! Einer beziehungsarmen Zeit wird ein beziehungsreicher Gott vorgestellt. Die möglichen Einseitigkeiten und Schwachstellen des Monotheismus werden damit vermieden; Gott ist kein einsamer unnahbarer Monarch, sondern lebt sozusagen in „Wohngemeinschaft". Kommunion – das ist sein Wesen. Gott ist Liebe, weiß die Bibel: Liebe, die sich mitteilt, die aus sich herausgeht in die Schöpfung wie in die Geschichte der Menschen hinein. Ein „geselliger Gott": Liebe strömt zwischen dem Vater, dem Sohn und dem Heiligen Geist.

Dieses göttliche Modell der Liebe tragen wir in uns. Wir sind nicht gedacht als einsame, in sich verschlossene Individuen, sondern als Ebenbild des dreifaltigen Gottes – als Personen. Person wird man am anderen – im Miteinander und Füreinander. Ohne den anderen könnte ich nicht sein. Ohne die Beziehung der Liebe wäre ich nicht und nichts. Dazu gehört auch, dass man das Andere/den Anderen respektieren und schätzen kann. Wenn alle gleich wären – wie schrecklich! Dann brauchte keiner den anderen. Erst „der Andere", der ungleich ist mit uns, kann uns herausfordern, ergänzen, korrigieren. Und so entsteht Einheit: In großer Vielfalt, im Miteinander, im Austausch und in der Ergänzung, - in der Familie und in der Kirche. Überall wirkt das göttliche, dreifaltige Modell der Liebe weiter.

Am Schluss noch mal der Kindermund. „Malt ein Bild von Gott", bittet der Religionslehrer in der Grundschule. „Kann ich nicht", sagt ein Junge, ich habe heute keinen Goldstift dabei". „Ich nehme alle Farben", meint ein anderer, ganz bunt soll das Bild werden. Ein buntes, vielfältiges, „dreifaltiges" Bild. Vielleicht ist unser persönliches Gottesbild nicht so vielfarbig, sondern nur in Gold oder in Schwarz-Weiß. Aber der Geist der Wahrheit hat seine Wege, uns „in die ganze Wahrheit zu führen".

Johannes Broxtermann

Übrigens

Ist die Figur **ein** Dreieck
      oder sind es drei Ecken?

Ist ein Dreiklang **ein** Akkord
      oder sind es drei Klänge?

Ist das **ein** Dreirad oder sind es drei Räder?

Ist das **ein** Dreispitz oder sind es drei Spitzen?

Zwei Maurer setzen eine Gartenmauer in 3 Stunden.
Wie lange würden drei Maurer brauchen? 2 x 3 / 3
Ist das **ein** Dreisatz oder sind es drei Sätze?

Aller guten Dinge sind drei.

Ich bin der „Ich bin da"

In die Lichtblicke Deiner Hoffnung
und in die Schatten Deiner Angst,
in die Enttäuschung Deines Lebens
und in das Geschenk Deines Zutrauens
lege ich meine Zusage:
Ich bin da.

In das Dunkel Deiner Vergangenheit
und in das Ungewisse Deiner Zukunft,
in den Segen Deines Wohlwollens
und in das Elend Deiner Ohnmacht
lege ich meine Zusage:
Ich bin da.

In das Gelingen Deiner Gespräche
und in die Langeweile Deines Betens,
in die Freude Deines Erfolgs
und in den Schmerz Deines Versagens
lege ich meine Zusage:
Ich bin da.

In das Spiel Deiner Gefühle
und in den Ernst Deiner Gedanken,
in den Reichtum Deines Schweigens
und in die Armut Deiner Sprache
lege ich meine Zusage:
Ich bin da.

In das Glück Deiner Begegnungen
und in die Wunden Deiner Sehnsucht,
in das Wunder Deiner Zuneigung
und in das Leid Deiner Ablehnung
lege ich meine Zusage:
Ich bin da.

In die Fülle Deiner Aufgaben
und in die Leere Deiner Geschäftigkeit,
in die Vielzahl Deiner Fähigkeiten
und in die Grenzen Deiner Begabung
lege ich meine Zusage:
Ich bin da.

In die Enge Deines Alltags
und in die Weite Deiner Träume
und in die Kräfte Deines Herzens
lege ich meine Zusage:
Ich bin da.

Quelle unbekannt

Bewegt

Bewegt

Menschen unterwegs …
bewegen sich
auf und ab
zwischen Himmel und Erde
aufeinander zu
voneinander weg
über sichtbare Spuren
rückblickend
aus- und aufblickend
hoffnungsvoll
neugierig
sehnsuchtsvoll
abenteuerlustig
offen

vertrauend anzukommen,
um sich neu aufzumachen.

Einstimmung

Weg(e),
sich bewegen: zu Fuß, zu Land, auf dem Wasser, in der Luft,
von etwas bewegt sein,
Start, Richtung, Etappe, Ziel,
Wegbeschreibung,
Irrweg,
Glaubensweg,
Wegzehrung,
aufbrechen und ankommen,
Weggefährte, Wegbegleitung, Weggemeinschaft …
Berufsweg,
Lebensweg,

eine bei weitem unvollständige Aufzählung von möglichen Wegen. Sie beschreiben Wege im Sinne von Wegstrecken, sie meinen ebenso den Weg als Bild. Wer unterwegs ist, sich bewegt, richtet sich aus, peilt womöglich ein Ziel an. Erreichbar sollte es scheinen, nicht zu weit gesteckt, der Weg überschaubar oder zumindest einschätzbar. Unter diesen und ähnlichen Kriterien planen Menschen Wege. Sie tun dies durchaus auch mit einem gewissen Bedürfnis nach Sicherheit. Unwägbarkeiten bleiben, sie gehören zum Weg.

Jeder Weg ist auch ein Wagnis. Überraschungen kommen vor: Wegbiegungen, Wegkreuzungen … Wegerfahrungen führen zu neuen Wegentscheidungen oder -korrekturen.

„Sich auf den Weg begeben" setzt eine vertrauende Grundhaltung voraus. Die Perspektive eines Weges ist immer unmittelbar vorwärts ausgerichtet, auch auf einem Rückweg. Ich sehe immer dem Wegverlauf entgegen. Dabei kann ich diesen nicht immer einsehen. Ich gehe trotzdem weiter.
Das wird auch für beschwerliche Wege gelten. Wege können dunkle, undurchsichtige Abschnitte haben. Ich ersehne eine Lichtung, aufscheinendes Licht, Orientierung. Ich gehe weiter und hoffe darauf, die Beschwernisse zu überwinden. Das geht in guter Begleitung leichter.

Wege gehen auf und ab.
Ich gehe gerne zum Wandern in die Berge. Unerfahrene Bergwanderer stöhnen beim Aufstieg und erwarten ungeduldig den Scheitelpunkt, an dem es endlich abwärts geht. Sie finden dann heraus, dass der Abstieg viel mühsamer ist. Da verlangen Stolperstellen erhöhte Aufmerksamkeit. Der Abstieg zwingt mich in die Knie. Na ja, im ebenen Tal geht es sich am leichtesten. Dort kann ich mich erholen, aber dort spüre ich mich auch weniger. Alle Wege gehören zum Reichtum des Lebens.
In biblischen Texten ist der Berg ein bevorzugter Ort für Gottesbegegnungen.

Gläubige Menschen dürfen darauf vertrauen, dass ihre Wege behütet sind. Solches Bewusstsein kann tragen, es kann auch in schwierigen Etappen verdrängt werden, ja verloren gehen. Auf seinem Kreuzweg hat auch der Mensch Jesus von Nazareth sich von Gott verlassen gefühlt. Gott verließ ihn nicht. Das feiern Christen an Ostern.

Bewegt

Bewegend

Zwischen Fremde und Heimat

Zum wievielten Male, frag' ich leise
auf dem Bahnsteig, wo ich wieder warte,
nehm' ich meinen Koffer und beginne
eine Reise mit der Rückfahrkarte?

Immer wieder rollt im Rädertakte
eine Sehnsucht, die die Weite sucht,
Glanz der Ferne, ein Stück Abenteuer
rollt mit mir – und heimlich eine Flucht.

Und eh ich es richtig wahrgenommen,
rollen diese Räder mich zurück,
und die Wagen singen: Fahr nach Hause,
denn zu Hause, da erwartet dich das Glück!

So besteigen wir im Leben tausend Züge,
und mit tausend fahren wir hinaus,
und so weit die tausend Züge reisen –
immer wieder will das Herz nach Haus.

Irgendwo ist da ein Fahrdienstleiter,
weiß um jeden Zug durch Zeit und Land
und drückt jedem, der zur Fremde aufbricht,
eine Rückfahrkarte in die Hand.
Reinhold Stecher

Hauptwege   Nebenwege   Abwege   Umwege
Scheidewege   Schlucht   Irrwege
Weggabelungen   Holzwege
Sackgassen   Einbahnstraßen
Bergsteige   Berggrate
Engpass

Lebensweg

Reisende,
es gibt keinen Weg.
Wege entstehen beim Gehen.
Antonio Machado

Blickwinkel

Täglich gehe ich viele Wege,
zielgerichtet um etwas zu erledigen.
Dabei kommt es zu Begegnungen:
Flüchtige Grüße, aber auch kleinere Gespräche,
Neuigkeiten werden ausgetauscht,
manchmal belanglose, manchmal freudige,
manchmal erschreckende, manchmal bewegende.

Manche Wege sind wenig belebt.
Sie öffnen den Blick
für die Umgebung:
das hübsche Blumenfenster,
der neu gestaltete Vorgarten,
ein neuer Hausanstrich …

Die Gedanken schweifen umher
und werfen mich auf mich selbst zurück.
Sie öffnen den Blick
in die eigene Befindlichkeit.
Bilder der Erinnerung steigen
ebenso hoch wie Gedanken in die Zukunft.
Unmerklich werden die Schritte
langsamer, etwas verhalten.

Wie anders fühle ich mich, wenn Eile
und Hektik meinen Weg begleiten.
Ein Tunnelblick versperrt
das Wahrnehmen der Umgebung.
Ich bin gefangen in mir selbst,
ausgerichtet auf Erfüllung meines
Vorhabens.
Für nichts anderes habe ich Augen,
nur für mich …

Das kann es doch nicht sein,
das ist nicht Leben.

wenn ich mich nahe bei Gott fühle
wenn ich nicht mehr danach suche
wenn ich zufrieden, in Balance bin
wenn ich mich ins Bett legen kann, in der Sicherheit, nicht fliehen zu müssen
wenn die Mitteilung kommt, dass mein Kind nicht von der befürchteten tödlichen Krankheit befallen ist
wenn nach 14 Stunden Wehen endlich das gesunde Kind auf der Welt ist
wenn – auch in schwierigen Situationen – mein Lebenspartner zu mir steht
wenn ich meine Beziehung am Wochenende leben kann
wenn alle in meiner Familie gesund sind
wenn ich in einer harmonischen Familie lebe
wenn ich meine Kinder lachen höre
wenn ich von Freunden höre: „Wann kommst du? Das müssen wir zusammen feiern!"
wenn ich jemandem vertrauen kann
wenn ich für andere Menschen da sein kann
wenn ich bei guter Gesundheit alt werde
wenn ich im Frühjahr die Kraft der Natur erlebe
wenn wir beim Motorradfahren das Gefühl haben zu fliegen
wenn ich tanzen darf
wenn ich ins Schwimmbad darf
wenn ich ausschlafen kann

Glück ist, …

Stufen des Glücks

Sehen und Deuten

Vor vielen Jahrhunderten entschied der Papst in Rom, dass alle Juden die Heilige Stadt zu verlassen hätten. Da die Juden sehr beliebt waren, handelten die Bürger Roms einen Kompromiss mit dem Heiligen Stuhl aus. Es sollte einen religiösen Disput zwischen dem Papst und dem Oberrabbi geben. Wenn die Juden gewinnen, sollten sie bleiben dürfen. Wenn der Papst gewinnt, müssen sie gehen.

Moishe, der Oberrabbi konnte aber leider kein Latein sprechen und da der Papst auch kein Yiddish sprach, entschloss man sich, die Debatte in Zeichensprache durchzuführen.
Am Tag der Entscheidung saßen sich der Papst und der Rabbi schweigend gegenüber, bis der Papst seine Hand erhob und drei Finger zeigte. Rabbi Moishe hob nun seinerseits die Hand und zeigte seinen Zeigefinger. Als nächstes kreiste der Papst mit seinem Zeigefinger über seinem Kopf. Rabbi Moishe deutete auf den Fußboden vor seinem Stuhl. Dann ließ der Papst Hostien und einen Kelch mit Wein kommen, während der Rabbi einen Apfel aus der Tasche zog.
Plötzlich stand der Papst auf und sagte: „Ich beende diese Debatte, dieser Mann hat mich geschlagen. Die Juden können bleiben." Sofort versammelten sich die Kardinäle um den Papst und fragten ihn, was passiert war. Der Papst antwortete: „Zuerst hielt ich drei Finger in die Luft, um die Besonderheit der katholischen Lehre zu unterstreichen, die an einen dreifaltigen Gott glaubt. Er hielt einen Finger in die Luft, um mich daran zu erinnern, dass es am Anfang einen Gott gab, aus dem unsere beiden Religionen gemeinsam hervorgegangen sind. Dann deutete ich in die Luft, um ihm zu zeigen, dass Gott überall um uns herum ist.
Der Rabbi zeigt auf die Erde, um mir zu sagen, dass Gott auch in der Erde ist. Ich ließ den Kelch mit dem Wein kommen, um ihm zu zeigen, dass die Christen in jeder heiligen Messe von ihren Sünden erlöst werden.
Er zeigte mir einen Apfel, um mich daran zu erinnern, dass wir alle unter dem Fluch der Erbsünde leben. Er hatte auf alles eine Antwort. Was sollte ich machen?"

In der Zwischenzeit versammelten sich die Juden um den Rabbi Moishe. „Zuerst sagte mir der Papst, wir Juden hätten drei Tage Zeit, um zu verschwinden. Ich drohte mit dem Zeigefinger und sagte: Nicht mit uns! Dann bedeutete er mir, dass die ganze Stadt ringsum von den Juden gereinigt würde. Ich aber deutete auf die Erde und sagte ihm: Wir bleiben genau hier, wo wir schon immer gelebt haben."
„Und dann?", fragte eine alte Frau.
„Was weiß denn ich", sagte der Rabbi. „Er ließ seine Vesper kommen, und ich fing auch an etwas zu essen."

Quelle unbekannt

Europe a cœur
Symbole de l'union européenne

Europa hat Herz
Symbol der europäischen Union

L'Europe unie s'incarne dans la plénitude d'un couple. Son volume exprime un coeur unique.
Das vereinigte Europa nimmt Gestalt an in der Fülle eines Paares. Das Ganze stellt ein einzigartiges Herz dar.

Die abgebildete Skulptur hat ihren Platz vor dem Europaparlament in Straßburg. Die zitierte Inschrift steht auf einer in den Sockel dafür eingelassenen Tafel.

Aktuell hat die Europäische Union 28 Mitgliedsstaaten. Die Künstlerin hat sich entschieden, das Bild eines im Herzen geeinten Paares als Symbol für den Staatenbund zu wählen.

Über „Europa" nachzudenken, eröffnet eine politische Dimension von „Bewegung".

Vergesst die Gastfreundschaft nicht;
denn durch sie haben einige,
ohne es zu ahnen,
Engel beherbergt.

Hebr 13,2

Das Gertenbündel

Es lebte einmal auf dieser Welt ein alter Mann, der sehr weise war. Er hatte zwölf Söhne. Aber für ihn war das kein Glück: Die Söhne gehorchten dem Vater nicht, achteten ihn nicht und waren sehr bösartig untereinander, und das führte oft zu Keilereien und Prügeleien. Der Hader wollte in diesem Haus nicht aufhören: Die älteren Jungen schlugen die jüngeren, und die Kleineren hassten die Größeren…

Die Nachbarn wunderten sich oft: „Seltsam! Sehr seltsam! Der Vater ist so klug und die Kinder so ungezogen … Wie das wohl kommen kann?" Niemand wusste einen Rat: Der Vater war verzweifelt, und die böseren und bärbeißigeren Mitbewohner des Hauses verdroschen sogar – und das ziemlich oft – seine Jungen, um ihrem Ärger ein wenig Luft zu machen.

Einmal aber – nach längerem Grübeln und Nachdenken – kam der Vater auf einen Gedanken: Er stand entschlossen auf und ging in den Wald, an dessen Rand sein Haus stand. Dort schnitt er sich zwölf ziemlich starke Gerten zurecht, schnürte sie als Bündel zusammen und ging wieder nach Hause.

Dort versammelte er seine zwölf Jungen und sagte harmlos: „Meine lieben Söhne, nun will ich einmal feststellen, wer von euch am stärksten ist. Ihr seht hier ein Bündel aus zwölf Gerten. Ihr sollt nacheinander versuchen, das Bündel zu brechen. So schwer wird das nicht sein, die einzelnen Ruten sind dünn."

Die Jungen griffen sofort, einer nach dem anderen, nach dem Bündel. Jeder war sicher, dass er das bisschen Kraft schon würde aufbringen können. Aber – es gelang keinem Einzigen. Zu fest waren die Gerten gebunden. Bald einmal wurde ihnen das Versuchen langweilig und sie wollten schon gehen.

Der Vater aber hieß sie zu warten. Er zog die einzelnen Gerten aus dem Bund, gab jedem seiner Söhne eine davon und ließ sie erneut probieren. Und – ohne jegliche Anstrengung brachen sie die Zweige.

Der weise Vater bat nun seine Söhne, sich zu setzen und sprach: „Große Sorge erfüllt mich für euch. Wie werdet ihr weiter leben, wenn ich nicht mehr bin. Darum habe ich euch mit dem Gertenbündel ein Beispiel gegeben: Wenn ihr harmonisch und Verständnis suchend miteinander umgeht, dann seid auch ihr ein Bündel, das niemand von außen zerbrechen kann. So leicht wird euch niemand Böses zufügen können. Eure Einigkeit wird sich herumsprechen. Ihr werdet als stark angesehen und geachtet werden." Bald darauf starb der alte Vater. Das Gertenbündel haben seine zwölf Söhne nie vergessen. Fortan lebten sie in friedlicher Gemeinschaft, einander um ihr Wohlergehen besorgt.

Man sagt, dass die Geschichte vom Gertenbündel von Generation zu Generation in der Familie weitererzählt wurde.

nach einem kirgisischen Märchen

Möge die Straße uns zusammenführen und der Wind in deinem Rücken sein;
Sanft falle Regen auf deine Felder und warm auf dein Gesicht der Sonnenschein.
Und bis wir uns wiedersehen, halte Gott dich fest in seiner Hand.

Führe die Straße, die du gehst, immer nur zu deinem Ziel bergab;
hab', wenn es kühl wird, warme Gedanken und den vollen Mond in dunkler Nacht.
Und bis wir uns wiedersehen, halte Gott dich fest in seiner Hand.

Hab' unterm Kopf ein weiches Kissen, habe Kleidung und das täglich Brot;
sei über vierzig Jahre im Himmel, bevor der Teufel merkt, du bist schon tot.
Und bis wir uns wiedersehen, halte Gott dich fest in seiner Hand.

Bis wir uns 'mal wiedersehen, hoffe ich, dass Gott dich nicht verlässt;
Er halte dich in seinen Händen, doch drücke seine Faust dich nie zu fest.
Und bis wir uns wiedersehen, halte Gott dich fest in seiner Hand.

Irischer Segenswunsch

vertrauend – hörend – verstehend

In Gibeon erschien der Herr dem Salomo nachts im Traum und forderte ihn auf: Sprich eine Bitte aus, die ich dir gewähren soll.

Salomo antwortete: Du hast deinem Knecht David, meinem Vater, große Huld erwiesen, denn er lebte vor dir in Treue, in Gerechtigkeit und mit aufrichtigem Herzen. Du hast ihm diese große Huld bewahrt und ihm einen Sohn geschenkt, der heute auf seinem Thron sitzt.

So hast du jetzt, Herr, mein Gott, deinem Knecht anstelle meines Vaters David zum König gemacht. Doch ich bin noch sehr jung und weiß nicht, wie ich mich als König verhalten soll.

Dein Knecht steht aber mitten in deinem Volk, das du erwählt hast: einem großen Volk, das man wegen seiner Menge nicht zählen und nicht schätzen kann.

Verleih daher deinem Knecht ein hörendes Herz, damit er dein Volk zu regieren und das Gute vom Bösen zu unterscheiden versteht. Wer könnte sonst dieses mächtige Volk regieren?

Es gefiel dem Herrn, dass Salomo diese Bitte aussprach.
Daher antwortete ihm Gott: Weil du gerade diese Bitte ausgesprochen hast und nicht um langes Leben, Reichtum oder um den Tod deiner Feinde, sondern um Einsicht gebeten hast, um auf das Recht zu hören, werde ich deine Bitte erfüllen. Sieh, ich gebe dir ein so weises und verständiges Herz, dass keiner vor dir war und keiner nach dir kommen wird, der dir gleicht.

Aber auch das, was du nicht erbeten hast, will ich dir geben: Reichtum und Ehre, sodass zu deinen Lebzeiten keiner unter den Königen dir gleicht.

Wenn du auf meinen Wegen gehst, meine Gesetze und Gebote befolgst wie dein Vater David, dann schenke ich dir ein langes Leben.

1 Kön 3, 5-14

Im September 2011 bezog sich Papst Benedikt XVI in seiner Rede vor den Abgeordneten des Deutschen Bundestages auf diesen Bibeltext.

hören

innehalten
nach innen hören
schweigen
horchen
aufhorchen
sich fragen
entscheiden
hinwenden
sich anrühren lassen
berührt sein
teilnehmend
mitfühlend
tröstend
zupackend
beherzt

Schweige und höre,
neige deines Herzens Ohr,
suche den Frieden.
GL

Kommaverschiebung

Ein König sollte folgendes Urteil unterschreiben:
„Gnade unmöglich **,** im Gefängnis lassen!"
Ihm kam das Urteil zu hart vor, weil er an die Zukunft
des Mannes und seiner Familie dachte.

Er änderte das Urteil um:
„Gnade **,** unmöglich im Gefängnis lassen!"
Er machte nur eine Kommaverschiebung.
Und dadurch lautete das Urteil auf Freispruch.
überliefert

Bei wem könnten wir das Komma verschieben?

... auch ihr sollt die Fremden lieben;
denn ihr seid (selbst) Fremde ... gewesen

Dtn 10,19

... Der du die Völker liebst ...

Dtn 33,3

Er führte mich hinaus ins Weite,
er brachte mir Rettung, weil er mich liebt.

Ps 18,20

Befiehl dem Herrn deinen Weg und vertrau ihm;
er wird es fügen.

Ps 37,5

Ebne die Straße für deinen Fuß,
und alle deine Wege seien geordnet.

Spr 4,26

... lenk dein Herz auf geraden Weg!

Spr 23,19

Viele Nationen machen sich auf den Weg ...
Er zeige uns seine Wege, ...
auf seinen Pfaden wollen wir gehen.

Jes 2,3

Stell dir Wegweiser auf, setz dir Wegmarken,
achte genau auf die Straße,
auf den Weg, den du gegangen bist.

Jer 31,21

Denn Gott hat uns nicht einen Geist der Verzagtheit gegeben,
sondern den Geist der Kraft, der Liebe und der Besonnenheit.

2 Tim 1,7

I verso

Wege gehen – Ziel suchen – Sinn finden

Hinduismus

Für den Hinduismus gibt es keinen Gründer. Die älteste seiner Heiligen Schriften, die Reg Veda, ist die Grundlage zum Verstehen des Hinduismus.
Riten, religiöse, mystische Erfahrungen und soziale Regeln sind wichtiger als Lehren.

Om (AUM) eröffnet und schließt oft hinduistische Gebete. Das Zeichen steht für Unendlichkeit, Transzendenz, Stille.

Buddhismus

Der achtgliedrige Pfad
1. rechte Anschauung
2. rechte Gesinnung
3. rechtes Reden
4. rechtes Handeln
5. rechtes Leben
6. rechtes Streben
7. rechtes Überdenken
8. rechtes Sich-Versenken

Tu gar nichts Unheilsames, und führe Heilsames umfassend aus, zähme deinen Geist vollständig, das ist die Lehre des Buddha.

Judentum

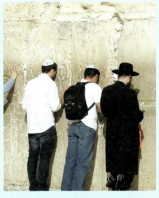  

Höre Israel: Der Herr, unser Gott, ist Herr allein!
Du sollst den Herrn, deinen Gott, aus ganzem Herzen,
aus ganzer Seele und mit all deiner Kraft lieben.

Dtn 6,4-5

Christentum

Als aber die Pharisäer hörten, dass er die Sadduzäer zum Schweigen gebracht hatte, kamen sie zusammen, und einer von ihnen, ein Lehrer des Gesetzes, fragte ihn, um ihn zu versuchen:
„Meister, welches ist das größte Gebot im Gesetze?"
Er sprach zu ihm: „Du sollst den Herrn, deinen Gott, lieben aus deinem ganzen Herzen, deiner ganzen Seele und deinem ganzen Denken. Dies ist das größte und erste Gebot. Das zweite ist ihm gleich: ‚Du sollst deinen Nächsten lieben wie dich selbst'.
An diesen zwei Geboten hängt das ganze Gesetz und die Propheten."

Mt 22,34-40

Islam

 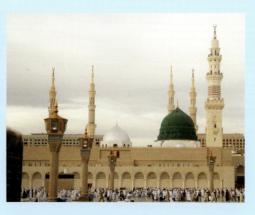

Im Namen Allahs,
des Erbarmers, des Barmherzigen!
Lob sei Allah, dem Weltenherrn,
dem Erbarmer, dem Barmherzigen,
dem König am Tag des Gerichts!
Dir dienen wir und zu dir rufen um Hilfe wir.
Leite uns den rechten Pfad,
den Pfad derer, denen du gnädig bist,
nicht derer, denen du zürnst, und nicht den Irrenden.

1. Sure

Ich liebe dich, mein Bruder, wer immer du auch seiest – ob du in einer Kirche betest, in einem Tempel kniest oder in einer Moschee Gott verehrst. Du und ich, wir sind beide Kinder eines Glaubens. Die mannigfaltigen Pfade der Religion entsprechen den Fingern der einen liebenden Hand des einen höchsten Wesens. Diese Hand streckt sich nach allen aus, bietet allen die Vollendung des Geistes an und ist begierig, alle zu umschließen.

Khalil Gibran

Dein Name Herr, ist Leben, Friede, Schalom und Salam.
Dieser Name sei genannt und gepriesen von allen.
Mit allen, die diesen Namen kennen, bitten wir um Frieden
für die Nahen und um Frieden für die Fernen.
Um Frieden in den Herzen, Frieden in allen Zelten,
Häusern und Palästen.
Um Frieden zwischen Religionen und Kulturen.
Um Frieden für die Schöpfung, die seufzt.
Zeige allen, wer du in Wahrheit bist.
Mache uns zu Werkzeugen deines Friedens.

Hermann Schalück

Möge es vor dir wohlgefällig sein,
Ewiger, unser Gott und Gott unserer Vorfahren,
dass du die Welt von Krieg und Blutvergießen befreist
und stattdessen einen großen und wunderbaren Frieden
in der Welt verbreitest,
dass keine Nation mehr das Schwert gegen eine andere
Nation erhebt und keine Nation mehr den Krieg lernt.

Mögen alle Bewohner der Erde nur die volle Wahrheit
anerkennen und um sie wissen,
dass wir in diese Welt nicht um des Haders und der Zwietracht
willen gekommen sind – wovor Gott bewahre –
und nicht um des Hasses, der Eifersucht, der Aufreizung
und des Blutvergießens willen, was Gott verbiete.

Vielmehr sind wir in die Welt gekommen,
um dich anzuerkennen und dich zu kennen.
Mögest du gepriesen sein für immer.
Jüdisches Friedensgebet

Die vier Unermesslichen
Mögen alle Wesen Glück und die Ursache des Glücks haben.
Mögen sie frei von Leiden und der Ursache des Leidens sein.
Mögen sie nicht vom wahren Glück, welches ohne Leid ist, getrennt sein.
Mögen sie in großem Gleichmut verweilen, frei von Anhaftung und Abneigung.
übersetzt von Lama Ole Nydal und Hannah Nydal

Herr,
Gott des Himmels und der Erde,
wir beten zu dir für die Anhänger aller Religionen.
Mögen sie im Gebet und reinen Herzens
deinen Willen suchen;
mögen sie dich anbeten
und deinen heiligen Namen verherrlichen.
Hilf ihnen, in dir die Kraft zu finden,
Ängste und Misstrauen zu überwinden,
die Freundschaft wachsen zu lassen
und in Harmonie miteinander zu leben.
Papst Johannes Paul II

Martin Buber überliefert uns folgende chassidische Geschichte, in der ein Rabbi von seinem Schüler gebeten wird: „Weise mir einen allgemeinen Weg zum Dienst Gottes".

Der Rabbi antwortet: „Es ist nicht gut, dem Menschen zu sagen, welchen Weg er gehen soll. ... Jeder soll darauf achten, welchen Weg sein Herz ihm weist, und dann soll er zu diesem mit ganzer Kraft aufbrechen und ihn gehen."

nach Dietmar Bader

Licht um dich her
Segen sei mit dir,
der Segen strahlenden Lichtes,
Licht um dich her
und innen in deinem Herzen.
Sonnenschein leuchte dir
und erwärme dein Herz,
bis es zu glühen beginnt
wie ein großes Torffeuer,
und der Fremde tritt näher,
um sich daran zu wärmen.
Aus deinen Augen strahle
gesegnetes Licht
wie zwei Kerzen
in den Fenstern deines Hauses,
die den Wanderer locken,
Schutz zu suchen dort drinnen
vor der stürmischen Nacht.

Wen du auch triffst,
wenn du über die Straße gehst,
ein freundlicher Blick von dir
möge ihn treffen.

Irischer Segenswunsch

Aufbrechen

Mose

Herr, mein Gott, erbarme dich meiner.
Erleuchte du meine Augen, dass ich den Weg finde.
Mach du meine Schritte fest, dass ich vom Weg nicht abirre.
Öffne du meinen Mund, dass ich ihnen von dir spreche.
Du willst, dass ich das Volk liebe.
Lass mich ihm so dienen, dass es sein Heil findet
und so das Land erreicht, das du ihm geben willst.

nach GL 6,5

Mose

Da sitzt eine Gestalt, thronend, den Körper in einem Gewand verborgen. Gewand? Eine textile Struktur lässt sich beim besten Willen nicht erkennen. Der Mensch ist in ein Geäst gekleidet wie in ein Gewand. So stellt sich die untere Hälfte dar.

Von den Knien an, dort, wo die linke Hand liegt, löst sich noch eine andere „Figur" aus dem Ganzen. Sie bedeckt die linke obere Körperhälfte des Menschen bis zum Kopf: eine ausschlagende Flamme. Von ihr geht keine zerstörerische Wirkung aus. Sie scheint den Menschen nicht vernichten zu wollen. Wohl ergreift sie ihn. Auf der rechten oberen Körperhälfte ist die sich als lockeres Gestrüpp darstellende „Bekleidung" durchgehalten. Die rechte Hand liegt fast majestätisch auf dem Knie. Ein Bart ist zu erkennen. Er verfängt sich weder im Geäst noch versengt ihn die Flamme.

Der Blick des Mannes ist geradeaus gerichtet. Er wirkt fest, ergriffen, so, als könne er sich nicht abwenden von dem, was er sieht. Unter dem „Gewand" treten die nackten Füße hervor. Aus allem setzt sich ein harmonisches Bild zusammen: der Mann, dargestellt ist Mose, ist in sich versammelt.

> *Am folgenden Morgen setzte sich Mose, um für das Volk Recht zu sprechen.*
> *Die Leute mussten vor Mose vom Morgen bis zum Abend anstehen.*

Ex 18,13

Die eigenwillige Darstellung fordert zur Deutung heraus. Der ganze Mose wird zu dem, was er sieht. Er wird selbst der (Ein-)Gefangene, der Entflammte, der Begeisterte. Die biblische Erzählung vom brennenden Dornbusch ist die Gotteserfahrung, die das Leben des Mose verändert. Er wird in seiner ganzen Person zur Gotteserfahrung für das Volk Israel. Es wird dabei nicht zufällig sein, dass seine linke obere Körperhälfte „entflammt" ist. Sie ist der Sitz des Herzens. Dort, wo das Gewand an ein Geäst, Gestrüpp erinnert, mag der verschlungene Weg des Mose vor dem geistigen Auge erscheinen. Irrungen, Wirrungen stellen sich immer wieder in diesen Weg, den Weg Gottes mit uns. Und doch: der Barfüßige bleibt und bewegt sich weiter auf „heiligem Boden".

Einstimmung

Aufbrechen
Mose gehört zu den großen biblischen Gestalten des Alten Testaments. Er ist ein Erwählter, gerettet für seine besondere Bestimmung. Womöglich hat sein persönliches Schicksal eine Vorbedeutung für seine Aufgabe als Anführer des Volkes auf dem Weg aus der Knechtschaft. Mose flieht vom Hof des Pharao nach Midian. Dort verteidigt er für die Töchter des Midian einen Brunnen gegen Hirten und tränkt deren Tiere. So kommt Mose in die Familie des Priesters. Er heiratet eine von dessen Töchtern.
Mose wird Hirte über die Schafe und Ziegen seines Schwiegervaters. Der Hirte soll in der Chronologie der biblischen Erzählungen zum Archetyp des Wegbereiters werden.

Der Hirte ist Anführer (Abraham, Mose),
    der Hirte ist König (David),
        der Hirte wird zum Stellvertreter Gottes (Jesus):

GOTT *ist der eigentliche Hirte.*

Die großen Weggeschichten der Bibel erzählen von Aufbrüchen, von Veränderungen. Sie stellen keineswegs nur Idyllen dar, sondern drücken auch und gerade immer wiederkehrende Unwägbarkeiten aus. Die Wege gehen eben auch durch das Gestrüpp des Zweifels und der stetigen Suche. Das Vertrauen in Gott, den Hirten, ist gegen Erschütterungen nicht gefeit.
Die Richtung ist nicht immer klar vorgegeben, sie kann sich ergeben, als für den Augenblick notwendig und dringlich herausstellen. Neue Einblicke können sich auftun, Richtungskorrekturen bedingen, neue Wege bahnen.
Das Feuer der Berufung, die Erstbegegnung des Mose mit Gott bleibt keine lodernde Flamme. In den Flammen züngelt oder lodert auch Gefahr: nicht zu nahe kommen. Gott offenbart sich, gibt sich zu erkennen, nennt sogar seinen Namen und hält doch den Menschen im Gegenüber auf Abstand.
Er soll frei und selbst aufbrechen, seinen Weg suchen, Tritt finden und dann gehen. Gott ist da, als der er da sein wird (Name Gottes). Um ihn aber zu erspüren, bedarf es eines wachen, offenen Menschen, der bereit ist, Gott in seiner Macht und Hoheit anzuerkennen.
Ein glaubender Mensch ist unterwegs im Vertrauen auf Gott und seine eigenen Fähigkeiten.

Das Buch Exodus, Kapitel 3

1 Mose weidete die Schafe und Ziegen seines Schwiegervaters Jitro, des Priesters von Midian. Eines Tages trieb er das Vieh über die Steppe hinaus und kam zum Gottesberg Horeb.

2 Dort erschien ihm der Engel des Herrn in einer Flamme, die aus einem Dornbusch emporschlug. Er schaute hin: Da brannte der Dornbusch und verbrannte doch nicht.

3 Mose sagte: Ich will dorthin gehen und mir die außergewöhnliche Erscheinung ansehen. Warum verbrennt denn der Dornbusch nicht?

4 Als der Herr sah, dass Mose näher kam, um sich das anzusehen, rief Gott ihm aus dem Dornbusch zu: Mose, Mose! Er antwortete: Hier bin ich.

5 Der Herr sagte: Komm nicht näher heran! Leg deine Schuhe ab; denn der Ort, wo du stehst, ist heiliger Boden.

6 Dann fuhr er fort: Ich bin der Gott deines Vaters, der Gott Abrahams, der Gott Isaaks und der Gott Jakobs. Da verhüllte Mose sein Gesicht; denn er fürchtete sich, Gott anzuschauen.

7 Der Herr sprach: Ich habe das Elend meines Volkes in Ägypten gesehen und ihre laute Klage über ihre Antreiber habe ich gehört. Ich kenne ihr Leid.

8 Ich bin herabgestiegen, um sie der Hand der Ägypter zu entreißen und aus jenem Land hinaufzuführen in ein schönes, weites Land, in ein Land, in dem Milch und Honig fließen, in das Gebiet der Kanaaniter, Hetiter, Amoriter, Perisiter, Hiwiter und Jebusiter.

9 Jetzt ist die laute Klage der Israeliten zu mir gedrungen und ich habe auch gesehen, wie die Ägypter sie unterdrücken.

10 Und jetzt geh! Ich sende dich zum Pharao. Führe mein Volk, die Israeliten, aus Ägypten heraus!

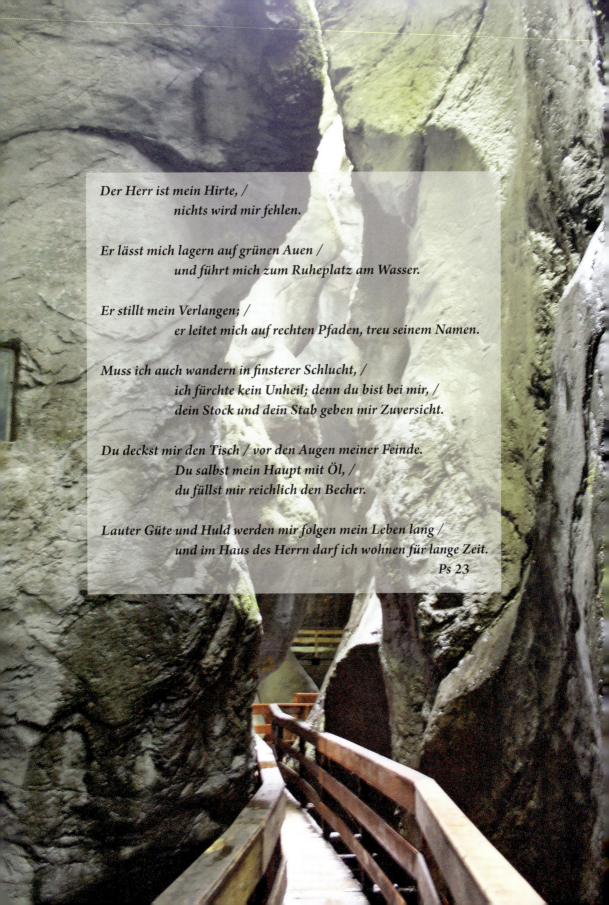

Der Herr ist mein Hirte, /
     nichts wird mir fehlen.

Er lässt mich lagern auf grünen Auen /
     und führt mich zum Ruheplatz am Wasser.

Er stillt mein Verlangen; /
     er leitet mich auf rechten Pfaden, treu seinem Namen.

Muss ich auch wandern in finsterer Schlucht, /
     ich fürchte kein Unheil; denn du bist bei mir, /
     dein Stock und dein Stab geben mir Zuversicht.

Du deckst mir den Tisch / vor den Augen meiner Feinde.
     Du salbst mein Haupt mit Öl, /
     du füllst mir reichlich den Becher.

Lauter Güte und Huld werden mir folgen mein Leben lang /
     und im Haus des Herrn darf ich wohnen für lange Zeit.

Ps 23

Der Lebensweg –
eine Kette existentieller Aufbrüche

Geburt
Tod
erste Schritte
Verwirklichung eines Traumes
erste Worte
Ruhestand
erster Kindergartentag
körperliche, geistige Einschränkung
erste Freundschaften
Verlust der Wohnung
Tag der Einschulung
berufliche Veränderung
erste Liebe
Arbeitslosigkeit
schwere Krankheit
Geburt eines Kindes
Berufswahl
Verluste mir wichtiger Menschen
Scheitern einer Beziehung
Ehe, Partnerschaft

Geh' nicht dahin,
wo der Weg dich hinführt.
Geh' dahin, wo es keinen Weg gibt,
und hinterlasse eine Spur.
         Ralph Waldo Emerson

Gottes Wort ist wie Licht in der Nacht;
es hat Hoffnung und Zukunft gebracht;
es gibt Trost, es gibt Halt in Bedrängnis,
Not und Ängsten,
ist wie ein Stern in der Dunkelheit.

         GL

Du Gott des Aufbruchs,
segne uns,
wenn wir dein Rufen vernehmen,
wenn deine Stimme lockt,
wenn dein Geist uns bewegt
zum Aufbrechen und Weitergehen.

Du Gott des Aufbruchs,
begleite und behüte uns,
wenn wir aus Abhängigkeiten entfliehen,
wenn wir uns von Gewohnheiten verabschieden,
wenn wir festgetretene Wege verlassen,
wenn wir dankbar zurückschauen
und doch neue Wege wagen.

Du Gott des Aufbruchs,
wende uns dein Angesicht zu,
wenn wir Irrwege nicht erkennen,
wenn uns Angst befällt,
wenn Umwege uns ermüden,
wenn wir Orientierung suchen
in den Stürmen der Unsicherheit.

Du Gott des Aufbruchs,
sei mit uns unterwegs zu uns selbst,
zu den Menschen, zu dir.
So segne uns mit deiner Güte,
und zeige uns dein freundliches Angesicht.
Begegne uns mit deinem Erbarmen,
und leuchte uns mit dem Licht deines Friedens
auf allen unseren Wegen.

Michael Kessler

Der Rabbi und sein Schüler

Ein junger Jude kam zu seinem Rabbi und sagte: „Ich möchte gerne zu dir kommen und dein Jünger werden." Da antwortete der Rabbi: „Gut, das kannst du, ich habe aber eine Bedingung. Du musst mir eine Frage beantworten: Liebst du Gott?"

Da wurde der Schüler traurig und nachdenklich. Dann sagte er: „Eigentlich, lieben, das kann ich nicht behaupten." Der Rabbi sagte freundlich: „Gut, wenn du Gott nicht liebst, hast du Sehnsucht, ihn zu lieben?"

Der Schüler überlegte eine Weile und erklärte dann: „Manchmal spüre ich die Sehnsucht sehr deutlich, aber meistens habe ich so viel zu tun, dass diese Sehnsucht im Alltag untergeht."

Da zögerte der Rabbi und sagte dann: „Wenn du die Sehnsucht, Gott zu lieben, nicht so deutlich verspürst, hast du dann Sehnsucht, diese Sehnsucht zu haben, Gott zu lieben?"

Da hellte sich das Gesicht des Schülers auf und er sagte: „Genau das habe ich. Ich sehne mich danach, diese Sehnsucht zu haben, Gott zu lieben."

Der Rabbi entgegnete: „Das genügt. Du bist auf dem Weg."

hrsg. Sylvia Müller, Ulrich Sander

Auf Gottes Weg heißt die Währung Mut und Glaube,
und entsprechend deinem Mut und Glauben
wird dir die Wahrheit offenbart werden.

Rumi

aufbrechen

entscheiden
loslassen
sich aufmachen
suchen
hoffen
zuversichtlich
neugierig
gehen
sich umschauen
orientieren
Richtung ändern
hören
riechen
anfassen
sich freuen
bewundern
erfahren
begegnen
ermüden
leiden
ausruhen
zurückschauen

vorwärtsblicken
anstreben
hingehen
finden
ankommen

neu beginnen

Vorurteile aufbrechen ...

Nationalität
Hautfarbe
Minderheiten
Körperlichkeit
Essgewohnheiten
Kleidung
Religion
Politische Ausrichtung
Beruf
Wohngegend
Hobby
Automarke
...

*Es ist schwieriger,
eine vorgefasste Meinung zu zertrümmern
als ein Atom.*
　　　Albert Einstein zugeschrieben

... neue Wege gehen

Unterscheidendes stehen lassen

Gemeinsamkeiten feststellen

Eigenes bewahren

tolerieren

achten

Meinungen zulassen

sprechen

zuhören

entgegen kommen

aufmerksam werden

...

> *Beurteile nie einen Menschen,*
> *bevor du nicht mindestens*
> *einen halben Mond lang*
> *seine Mokassins getragen hast.*
> *Indianische Weisheit*

Nichts

Die Hölle war total überfüllt, und noch immer stand eine lange Schlange am Eingang. Schließlich musste sich der Teufel selbst herausbegeben, um die Bewerber fortzuschicken. „Ein einziger Platz ist noch frei, den muss der ärgste Sünder bekommen", rief er. „Ist vielleicht ein Mörder da?"

Er hörte sich die Verfehlungen der Anstehenden an. Schließlich sah er einen, den er noch nicht befragt hatte. „Was haben Sie getan?", fragte er ihn. „Nichts. Ich bin ein guter Mensch und nur aus Versehen hier." – „Aber sie müssen doch etwas getan haben! Jeder Mensch stellt etwas an." – „Ich sah es wohl", sagte der Mann von sich überzeugt, „aber ich hielt mich davon fern. Ich sah, wie die Menschen ihre Mitmenschen verfolgten, aber ich beteiligte mich nie. Sie haben Kinder hungern lassen und in die Sklaverei verkauft; sie haben auf den Schwachen herumgetrampelt. Sie haben von ihren Übeltaten jeder Art profitiert. Ich allein widerstand der Versuchung und tat nichts."

„Absolut nichts?", fragte der Teufel ungläubig. „Sind Sie völlig sicher, dass Sie alles angesehen haben?" – „Vor meiner eigenen Tür!" – „Und nichts haben Sie getan?", wiederholte der Teufel. – „Nein!" – Da sagte der Teufel: „Komm herein, mein Sohn. Der Platz gehört dir!"

Pedro Calderón de la Barca

Diese Szene spielte sich auf einem Flug der British Airways zwischen Johannesburg und London ab.

Eine weiße Frau um die Fünfzig setzt sich neben einen Schwarzen. Sichtlich verwirrt ruft sie die Flugbegleiterin. Diese kommt und fragt nach Ihrem Wunsch. Die weiße Frau: „Ja sehen Sie das nicht? Man hat mich neben einem Neger platziert. Ich halt es nicht aus neben einem so ekelhaften Wesen zu sitzen. Geben Sie mir bitte einen anderen Platz!!"

Die Flugbegleiterin: „Beruhigen Sie sich. Es sind fast alle Plätze auf der Maschine besetzt. Ich schau mal nach, ob noch etwas frei ist." Die Flugbegleiterin geht und kommt nach ein paar Minuten zurück. „Gnädige Frau, wie ich schon vermutet hatte, sind in der Touristenklasse kein Plätze mehr frei. Ich habe mit dem Piloten gesprochen und er hat mir bestätigt, dass auch in der Business-Klasse nichts mehr frei ist. Allerdings hätten wir noch einen freien Platz in der ersten Klasse."

Bevor die Frau auch nur die kleinste Bemerkung machen kann, spricht die Flugbegleiterin weiter: „Es ist bei unserer Fluggesellschaft absolut ungewöhnlich, einem Touristenklasse-Passagier zu erlauben, in der ersten Klasse Platz zu nehmen. In Anbetracht der Umstände erachtet es der Pilot aber als skandalös jemanden zu zwingen, neben einer so ekelhaften Person zu sitzen."

Die Flugbegleiterin dreht sich zum Schwarzen um und sagt: „Aus diesem Grund, mein Herr, wenn Sie es wünschen, nehmen Sie bitte Ihr Handgepäck, denn es wartet ein Sitz in der ersten Klasse auf Sie." Die anderen Passagiere, welche die Szene schockiert mitverfolgt hatten, erhoben sich und applaudierten …

Quelle unbekannt

Auf-Bruch

Aufbruch – Losgehen
Wer aufbricht, bewegt sich.
Hat ein Ziel vor Augen.
Lässt los.
Lässt zurück.
Verlässt.

Aufbruch – Öffnen
Das Küken bricht das Ei auf.
Befreit sich aus der Enge.
Zerstört seinen eigenen Schutz.
Eröffnet sich eine neue Welt.

Aufbrechen heißt das Neue suchen.
Aufbrechen heißt wagen.
Aufbrechen heißt Schutz aufgeben.
Aufbrechen heißt das Vertraute zurücklassen.
Aufbrechen heißt zerstören.
Aufbrechen heißt loslassen.

Der Aufbruch ist nur ein winziger Moment.
Der Moment zwischen alt und neu.
Der Moment zwischen vertraut und unbekannt.
Der Moment zwischen Schutz und Eigenständigkeit.
Der Moment zwischen Enge und Freiheit.

Der Moment des allerersten Schritts.
Der Moment, in dem die Eierschale reißt.
Der Moment, in dem aus Angst Vertrauen wird.
Der Moment, in dem aus Zweifel Zuversicht wird.

Der Moment, in dem ich will. Und mache.
                    Holger Weiden

Mann mit Maske oder Gesichtzeigen

Eine Skulptur mit zwei Titeln. Der Bildhauer Wolfgang Mattheuer schuf sein Werk zu DDR-Zeiten. Er lebte dort, arrangierte sich mit dem System, um seiner Arbeit nachgehen zu können. Aber er übersah nicht die oft Menschen verachtende Haltung dahinter. Seine Auseinandersetzung mit dem Regime und dem, was es hervorbrachte, betrieb er in seiner Art, eben durch die Gestaltung seines Werkmaterials. Was er mit Worten nicht beschreiben, kritisieren und anprangern wollte und konnte, drückte er mit Hammer und Meißel aus.

Mattheuers Thema ist hier die Auseinandersetzung mit der Wirklichkeit im eigenen Land, schwankend zwischen Hoffnung und Zweifel, Widerstand und Resignation. Er „beschreibt" die Situation des Menschen in einem politischen System, das Offenheit scheut, bestraft, letztlich ausschließen will. Die Menschen sehen, aber sie dürfen nicht sehen. Sie müssen das Gesehene wegstecken, die Augen verschließen, ja, sich maskieren. Wie ein dummes Schaf sollen sie sich verhalten, die Sicht auf so manche Ungerechtigkeit ausblenden, wegschauen und blind sein für die Realität. Am besten nichts sehen! Wer nichts sieht, übt keine Kritik, verhält sich loyal, ist herrschaftshörig, fällt nicht auf, macht keinen Ärger und hat keinen Ärger. Das aber ist nicht jedermanns Sache.

Als die Zeit reif war, gehörte Wolfgang Mattheuer zu den Gründern der friedlichen Montagsdemonstrationen. Die Menschen gingen auf die Straße, demonstrierten zu Tausenden, bis sie schließlich erreichten, was ihre Vision war: Offenheit, nicht nur physisch empfundene durch den Fall der Mauer. Aus dem Mann (der Frau) mit Maske waren Menschen geworden, die Gesicht zeigten. „Dieser Mann, der seine Maske zur Seite schiebt und offen reden will, das ist doch eigentlich die Situation von 89 gewesen" (W. Mattheuer).

Nur ein offenes Visier bringt Menschen einander näher, ist vertrauensbildend. Wenn alle, jeder Einzelne, jede Gruppierung, vor allem jeder, der für andere Aufgaben vorgibt zu übernehmen, sein Gesicht zeigt, kann man einander einschätzen und aufeinander zugehen. Das ist einfach menschlich. Wer Gesicht zeigt, weiß um seine Verantwortung. Niemand ist für sich allein geboren, niemand genügt sich letztlich selbst. Wir alle sind auf ein „Du" hin angelegt, ja angewiesen von der ersten Minute unseres Seins. Somit haben wir nicht nur Verantwortung für uns selbst, sondern für alle Begegnungen in unserem Leben. Mensch sein ohne Verantwortung übernehmen zu wollen, ist ein Widerspruch in sich.

Je mehr Verantwortung ein Mensch trägt, um so größer sollte seine Bereitschaft zu Offenheit sein, eben sein Gesicht dem Anderen zu zeigen. Das bedarf der Stärke, die nicht zuletzt aus dem Respekt entspringt, die man seinem Gegenüber zollt. Dieser Respekt verhindert Grenzüber-schreitung, Gewalt, Unmenschlichkeit. Er ist eine tragende Säule demokratischen Verhaltens. Er kehrt nicht unter den Tisch, beschönigt aber auch nicht; er ist Lebensstärke.

Wer aufbricht, träumt …

von einer neuen Heimat,
von einem neuen Beruf,
von einer glücklichen Verbindung,
von einer harmonierenden Familie,
…
..
.

Ein manifester Traum bindet alle Gedanken, alle Kräfte auf dieses Ziel hin. Ich will meinen Traum verwirklichen, koste es, was es wolle. Ich will!
Die Verwirklichung von Träumen ist nicht unproblematisch, nicht schmerzfrei, nicht im Vorübergehen zu erhaschen. Sie bedarf der Vorbereitung, der Entschlossenheit, des Mutes, Altes zurückzulassen und Neues zu beginnen. Bekannt ist nur das Ziel. Motivation der Wille, es unbedingt zu erreichen.
Ein solcher Traum erwächst in mir selbst, macht stark und unabhängig. Er gibt Antwort auf die Frage: Wer bin ich jetzt und wer will ich zukünftig sein.
Zu allen Zeiten hat es Menschen gegeben, die ihrem Traum gefolgt sind und darin sich selbst gefunden haben. Einmal um die ganze Welt …
Träumen öffnet Räume, weitet den Blick, bricht Enge auf, weckt Sehnsüchte, die erfüllt werden möchten. Sehnsüchte sind der Ausdruck dessen, wonach man sich sehnt. Und das in einer Stärke, die einem starken Drang bis hin zur Sucht gleichen kann. Man kann nicht davon lassen. Sehnsucht hat etwas Unbedingtes.
Wer eine Sehnsucht hat, weiß was er will, was seinem Wesen entspricht. Das treibt an. Ungeahnte Energie kann mobilisiert werden. Das schützt nicht vor Zweifeln und Rückschlägen. Wer sein Ziel aber dennoch fest im Auge hat, geht gewachsen daraus hervor.
Träume werden selten auf der Stelle wahr, sie bedürfen meistens eines langen Atems. Oft erfüllen sie sich erst nach Jahren. So wie der Traum des schwarzen amerikanischen Bürgerrechtlers und Baptistenpfarrers Martin Luther King, der in seiner Rede „I have a dream" seine Vision von der Gleichberechtigung und Gleichstellung der amerikanischen Farbigen vortrug. 45 Jahre später wurde Barack Obama zum ersten schwarzen Präsidenten der Vereinigten Staaten von Amerika gewählt.

Der Theologe Hans Küng träumt von einer versöhnten Christenheit, dem Frieden unter den Religionen und einer echten Gemeinschaft der Nationen.

Wovon träume ich?

Anmerkungen

Nicht namentlich gekennzeichnete Texte wurden von den Autorinnen geschrieben.

S. 5 Die Bibel, Einheitsübersetzung Kath. Bibelanstalt Stuttgart, 3. Aufl. 1988, Mt 18,10 Tagore, Rabindranath, Sonnen der Zukunft, Alle Rechte beim Pallotiner Verlag, Ch 9202 – Gossau, 1983, Umschlagseite

S. 8 Die Bibel, Einheitsübersetzung Kath. Bibelanstalt Stuttgart, 3. Aufl. 1988, Gen 1,31; Ps 91,11-12; Ps 139,13; Mk 9,36-37; Mk 10,15

S. 9 Kamphaus, Franz, Alle Rechte beim Autor

S. 10 Rabelais, François (1494 – 1553)

S. 11 Hawthorne, Nathaniel (1804 – 1864)

S. 12 Gibran, Khalil (1883 – 1931), Der Prophet, Olten 1991, S. 26 f

S. 13 Gibran, Khalil (1883 – 1931)
Haak, Rainer, Kindergesichter, Lahr 1991, Alle Rechte beim Autor

S. 14 Saint-Exupéry, Antoine de, Der kleine Prinz, © 1950 und 2012 Karl Rauch Verlag, Düsseldorf, S. 49 f

S. 15 Weber, Raymund, Alle Rechte beim Autor

S. 16 Copyright © 1964 Margaret Fishback Powers, Übersetzt von Eva-Maria Busch, Copyright © der deutschen Übersetzung 1996, Brunnen Verlag Gießen

S. 17 Die Bibel, Einheitsübersetzung Kath. Bibelanstalt Stuttgart, 3. Aufl. 1988, Ps 139,5-12

S. 18 Werth, Jürgen, Alle Rechte beim Autor

S. 19 verschiedene Zitate von Dickens, Rosegger, von Fallersleben, Dostojewski, Pestalozzi, aus Persien, Novalis, Sailer

S. 20/21 www.hekaya.de, Japanisches Märchen

S. 22 Kurzformeln der Rechte aller Kinder in der Welt, in: Sonnen der Zukunft, Alle Rechte beim Pallotiner Verlag, Ch 9202 – Gossau, 1983, S. 4

S. 23 Six, Anna, Sonnen der Zukunft, Alle Rechte beim Pallotiner Verlag, Ch 9202 – Gossau, 1983, S. 12
Bosmans, Phil, Worte zum Menschsein, Freiburg i. Breisgau 1986, 1995, 1999, S. 54

S. 27 Die Bibel, Einheitsübersetzung Kath. Bibelanstalt Stuttgart, 3. Aufl. 1988, Jes 66,13a; Joh 1,13; Joh 10,30; Joh 14,6; 1 Kor 12,3; 2 Kor 3,3; 2 Kor 3,17; 1 Joh 2,22; 2 Joh 1,3

S. 30 Volksmund, Paderborn

S. 37 Broxtermann, Johannes, Lüdenscheid, Alle Rechte beim Autor, Predigtauszug vom 30.12.2012
Pascal, Blaise (1623 – 1662)

S. 38	Wallhof, Hans, Sonnen der Ewigkeit, Alle Rechte beim Pallotiner Verlag Ch 9202 – Gossau, 1983, S. 65
S. 39	Dreifaltigkeitssonntag Präfation, Internet Google
S. 40	Fynn, Hallo Mister Gott, hier spricht Anna © Fynn 1974, © Scherz-Verlag, Bonn, München, Wien
	Alle Rechte vorbehalten S. Fischer Verlag GmbH, Frankfurt am Main
S. 41	Broxtermann, Johannes, Lüdenscheid, Predigtauszug Dreifaltigkeitssonntag 2010, Alle Rechte beim Autor
S. 50	Stecher, Reinhold, Geleise ins Morgen, Tyrolia Verlag Innsbruck 2004, S. 44
	Machado, Antonio, (1875 – 1939), Gönn dir einen Stern, Herausgeber Anton Lichtenauer, Herder Verlag, Freiburg im Breisgau 2000, S. 266
S. 55	Die Bibel, Einheitsübersetzung Kath. Bibelanstalt Stuttgart, 3. Aufl. 1988, Hebr 13,2
S. 57	Gotteslob, Verlag Katholisches Bibelwerk GmbH, Stuttgart 2013, Lied 823
S. 58	Die Bibel, Einheitsübersetzung Kath. Bibelanstalt Stuttgart, 3. Aufl. 1988, 1 Kön 3,5-14
S. 59	Gotteslob, Verlag Katholisches Bibelwerk GmbH, Stuttgart 2013, Lied 433,2
	Kommaverschiebung, überliefert
S. 60	Die Bibel, Einheitsübersetzung Kath. Bibelanstalt Stuttgart, 3. Aufl. 1988, Dtn 10,19; Dtn 33,3; Ps 18,20; Ps 37,5; Spr 4,26; Spr 23,19; Jes 2,3; Jer 31,21; 2 Tim 1,7
S. 61	Bildtafel und Unterschrift, Der Letzehof, Festschrift zum 20 jährigen Bestehen 1982, S. 8, Frastanz, Österreich
S. 62	Die Bibel, Einheitsübersetzung Kath. Bibelanstalt Stuttgart, 3. Aufl. 1988, Dtn 6,4-5; Mt 22,34-40
S. 63	Der Koran, VMA-Verlag, Wiesbaden, Erste Sure, S. 33
	Gibran, Khalil, (1883 – 1931) Worte wie die Morgenröte, Freiburg i. Br., 1988, S. 33
	Schalück, Hermann, Gotteslob, Verlag Katholisches Bibelwerk GmbH, Stuttgart, 2013, 20,3
S. 64	Jüdisches Friedensgebet, Gotteslob, Verlag Katholisches Bibelwerk GmbH, Stuttgart, 2013, 20,5
	Die vier Unermesslichen, Die vier Grundübungen, 1. Übung, Zuflucht und Erleuchtungsgeist, Hrsg: Buddhistischer Dachverband Diamantweg e.V., Wuppertal, Übersetzer: Lama Ole Nydahl und Hannah Nydahl
	Papst Johannes Paul II, Gotteslob, Verlag Katholisches Bibelwerk GmbH, Stuttgart, 2013, 20,4
S. 65	Nach Bader, Dr. Dietmar, Wort zum Tag, SWR 2, 8.5.2013

S. 67 Multhaupt, Hermann, Möge der Wind immer in deinem Rücken sein, Alte irische Segenswünsche, Alle Rechte beim Autor
S. 68 Gotteslob, Verlag Katholische Bibelanstalt GmbH, Stuttgart 1975, nach 6,5
Die Bibel, Einheitsübersetzung Kath. Bibelanstalt Stuttgart, 3. Aufl. 1988, Ex 18,13
S. 70 Die Bibel, Einheitsübersetzung Kath. Bibelanstalt Stuttgart, 3. Aufl. 1988, Ex 3,1-10
S. 71 Die Bibel, Einheitsübersetzung Kath. Bibelanstalt Stuttgart, 3. Aufl. 1988, Ps 23
S. 72 Emerson, Ralph Waldo (1803 – 1882)
Gotteslob, Verlag Katholisches Bibelwerk GmbH, Stuttgart, 2013, Lied 450
S. 73 Kessler, Michael, Gotteslob, Verlag Katholisches Bibelwerk GmbH, Stuttgart 2013, 13,5
S. 74 Auf all unsern Wegen. Worte, die begleiten. Hrsg. von Sylvia Müller und Ulrich Sander © Verlag Herder GmbH, Freiburg i. Br. 2012, S. 20
Rumi, Dschalal ad-Din Muhammad (1207 – 1273)
S. 77 Weisheiten der Indianer, hrsg. von Marie Bergen, © 2005 Groh Verlag GmbH & Co. KG
S. 78 Calderón de la Barca, Pedro (1600 – 1681)
S. 80 Johann Wolfgang von Goethe, (1749 – 1832)
S. 81 Weiden, Holger

Bildnachweis

Nicht namentlich gekennzeichnete Abbildungen sind Fotos der Autorinnen.
Titelbild Hans-Jürgen Weiden
S. 2 Foto in Familienbesitz
S. 7 Gerard von Honthorst, Anbetung der Hirten (1622), Wallraff-Richartz-Museum, Köln
S. 9 Annegret Thurn, Köln 2009, in Familienbesitz
S. 10 Foto in Familienbesitz
S. 14 Bild gemalt von Lena Perschmann, 8 Jahre
S. 17 Hans-Jürgen Weiden
S. 22 Helmut Müller jun., Michaelsbrunnen, Inzell, 1993, Hans-Jürgen Weiden
S. 24 afrikanische Schnitzerei, Foto Hans-Jürgen Weiden
S. 30 Dom Paderborn, Drei-Hasen-Fenster, Foto Thomas Thrönle

S. 31	Gustav Klimt, Der Kuss (1907/1908), Belvedere, Wien
S. 34	St. Michael, Urschalling, Dreifaltigkeit, Foto Berger, Prien
S. 36	Edith Peres-Lethmate, Dreifaltigkeit, Holz, 1959, City-Kirche am Jesuitenplatz, Koblenz
S. 36	Skulptur aus Speckstein, Südafrika
S. 38	Hans-Jürgen Weiden
S. 44	Holger Weiden
S. 48	Pferderennen: Rechte bei Peter Remmert
S. 50	Holger Weiden
S. 51	Hans-Jürgen Weiden
S. 53	Joachim Clüsserath
S. 55	Skulptur von Ludmila Tcherina, Europaparlament Straßburg, Foto Hans-Jürgen Weiden
S. 59	Peres-Lethmate, Edith, Würfelhocker, Bronze, 1994, Fotoabdruck mit freundlicher Genehmigung von Marie-Luise Peres-Krepele
S. 61	Hindutempel Varanasi, Foto Dr. Jobst Knief Om-Zeichen, gezeichnet von Sophia Groebel Buddha, Buddhistisches Zentrum, Köln Buddhistischer Tempel Sarnath, Foto Margarete Pulm Bildtafel, Foto aus: Der Letzehof, A-6820 Frastanz, Festschrift 2002, S. 8
S. 62	Judentum, Fotos Josef Albrecht
S. 63	Islam, Fotos Mahmut Aşkar
S. 66	Peres-Lethmate, Mose, Bronze, 1979, Foto Dr. Ernst Peres
S. 70	Joachim Clüsserath
S. 71	Holger Weiden
S. 73	Holger Weiden
S. 74	Holger Weiden
S. 78	Hans-Jürgen Weiden
S. 83	http://commons.wikimedia.org/wiki/File:Wolfgang_Mattheuer_Gravesite.jpg, Autor: Trainspotter, GNU-Lizenz für freie Dokumentation
S. 85	Hans-Jürgen Weiden